A mia moglie Silvia, che con il suo amore e la sua costante fiducia mi ha ispirato a guardare oltre l'orizzonte, a sfidare i miei limiti e a credere in un futuro fatto di sogni realizzati......

INTELLIGENZA ARTIGIANALE STRATEGICA

STRUMENTI E PROGETTI PER ENTI LOCALI E ASSOCIAZIONI DI CATEGORIA A SOSTEGNO DELL'INNOVAZIONE DELLE PMI ARTIGIANE

ALBERTO GATTI

Intelligenza Artigianale Strategica

Copyright © 2024 Alberto Gatti

Codice ISBN: **9798344732664**

CONTENUTI

Introduzione

Negli ultimi anni, l'artigianato e i servizi locali hanno assunto un ruolo sempre più centrale nel contesto economico e sociale. In un mondo globalizzato, dove i grandi marchi dominano il mercato e la produzione industriale si è standardizzata, l'artigianato rappresenta un baluardo di autenticità, creatività e sostenibilità. Questo libro si propone di esplorare le dinamiche, le sfide e le opportunità che caratterizzano il mondo dell'artigianato, ponendo l'accento sull'importanza della sostenibilità, dell'innovazione e della valorizzazione delle competenze locali.

L'artigianato non è solo una pratica tradizionale; è un'espressione culturale, una testimonianza di storie e competenze che si tramandano di generazione in generazione. Ogni pezzo creato, ogni servizio fornito porta con sé una ricchezza di conoscenza e un legame profondo con il territorio. Tuttavia, per rimanere competitivi e rilevanti, gli artigiani e i fornitori di servizi devono affrontare numerose sfide: la crescente concorrenza delle produzioni industriali, l'adattamento alle nuove tecnologie e le mutate esigenze dei consumatori.

In questo contesto, la sostenibilità emerge come una necessità. Non si tratta solo di adottare pratiche ecologiche, ma di costruire un modello di sviluppo che tenga conto del benessere delle persone, delle comunità e dell'ambiente. Attraverso l'innovazione e la formazione continua, le piccole imprese possono trasformare le sfide in opportunità, creando prodotti e servizi che non solo soddisfano le esigenze del mercato, ma che contribuiscono anche a un futuro più sostenibile.

Questo libro è strutturato in vari capitoli che affrontano temi chiave, tra cui la digitalizzazione, l'innovazione sociale, l'importanza della formazione e la creazione di reti di collaborazione. Ogni capitolo è accompagnato da esempi concreti, casi di studio e strumenti operativi, offrendo ai lettori non solo una comprensione teorica, ma anche spunti pratici per applicare quanto appreso.

La nostra speranza è che questo libro possa servire da guida per artigiani, imprenditori, professionisti del settore e chiunque desideri esplorare e valorizzare il patrimonio artigianale. Insieme, possiamo lavorare per costruire un futuro in cui l'artigianato non solo sopravvive, ma fiorisce, contribuendo a un'economia più giusta, sostenibile e inclusiva.

Benvenuti in questo viaggio attraverso l'artigianato, la creatività e la sostenibilità.

CAPITOLO 1: L'ARTIGIANATO TRA TRADIZIONE E INNOVAZIONE

L'artigianato è da sempre il cuore pulsante della cultura italiana e di molte altre realtà nel mondo. Dalle botteghe medievali, dove i maestri artigiani trasmettevano il loro sapere agli apprendisti, fino alle moderne startup creative, l'artigianato ha saputo evolversi, rimanendo fedele alla sua essenza: l'amore per il lavoro manuale e la capacità di trasformare la materia in arte.

Immaginate un piccolo laboratorio di ceramica nel cuore dell'Umbria. Qui, tra le colline verdeggianti e i borghi medievali, il tempo sembra essersi fermato. Il maestro artigiano, con mani segnate dall'esperienza, lavora l'argilla seguendo gesti antichi, tramandati di generazione in generazione. Ogni pezzo che nasce dal suo tornio è unico, un piccolo capolavoro che racconta la storia di un territorio e di una tradizione che rischia di scomparire.

Ma oggi, accanto al tornio tradizionale, c'è un computer con un software di design 3D. Il figlio dell'artigiano, laureato in design industriale, ha deciso di riportare in vita l'attività di famiglia, unendo la passione per la ceramica alla tecnologia. Insieme, padre e figlio creano nuove collezioni che combinano le forme tradizionali con linee moderne, sperimentando nuovi smalti e colori. Grazie alla modellazione 3D, riescono a progettare forme complesse che poi vengono realizzate con il tornio o con una stampante 3D, adattata per lavorare con l'argilla. Il risultato è un prodotto che mantiene l'anima dell'artigianato, ma che si apre a nuovi mercati e a una clientela più giovane e internazionale.

Questa storia non è un caso isolato. In tutta Italia, ma anche in altre parti del mondo, ci sono artigiani che stanno riscoprendo le loro radici, guardando al futuro con occhi nuovi. Come i maestri vetrai di Murano, che da secoli creano opere d'arte uniche e inimitabili. Per anni, queste antiche tecniche sono state minacciate dalla concorrenza di prodotti industriali a basso costo, ma alcuni giovani artigiani hanno deciso di reagire. Hanno iniziato a collaborare con designer e artisti internazionali, portando il vetro di Murano in contesti nuovi e inaspettati. Oggi, il vetro di Murano non è solo sinonimo di tradizione, ma anche di avanguardia artistica.

In Giappone, i maestri del kintsugi, l'arte di riparare la ceramica con oro e lacca, hanno trovato un modo per portare questa antica tecnica nel XXI secolo. Collaborando con ingegneri e tecnologi, hanno sviluppato un sistema robotico che assiste l'artigiano nella riparazione delle ceramiche, mantenendo l'elemento umano centrale nel processo. Questo connubio tra tradizione e tecnologia ha permesso di preservare un'arte che altrimenti rischiava di scomparire, e ha aperto nuove possibilità creative.

Questi esempi dimostrano che l'artigianato può essere un laboratorio di sperimentazione e innovazione. L'intelligenza artigianale non si limita a replicare il passato, ma lo reinterpreta, lo rinnova e lo proietta nel futuro. La chiave è trovare un equilibrio tra rispetto per la tradizione e apertura al cambiamento, senza perdere di vista l'essenza del lavoro artigianale: la passione, la cura e l'attenzione ai dettagli.

In un mondo sempre più dominato dalla produzione di massa e dalla tecnologia, l'artigianato offre un'alternativa preziosa. Ogni oggetto fatto a mano racconta una storia, ogni imperfezione diventa una testimonianza dell'unicità del prodotto. Ed è proprio questa unicità che rappresenta il valore aggiunto dell'artigianato. I consumatori stanno riscoprendo il piacere di possedere oggetti che hanno un'anima, che sono il frutto di ore di lavoro, di competenza e di creatività.

Ma per sopravvivere e prosperare, gli artigiani devono imparare a dialogare con la modernità. Devono saper utilizzare le nuove tecnologie non come un nemico, ma come un alleato. La digitalizzazione può aprire nuovi mercati, permettendo agli artigiani di raggiungere clienti in tutto il mondo. La stampa 3D, la realtà aumentata e il design generativo sono strumenti che possono arricchire il lavoro artigianale, senza snaturarlo.

Il futuro dell'artigianato dipenderà dalla capacità di adattarsi e innovare, senza perdere di vista le proprie radici. E qui entra in gioco il ruolo fondamentale delle istituzioni e delle associazioni di categoria, che devono supportare questo processo di trasformazione, offrendo risorse, formazione e spazi di confronto e sperimentazione.

Questa è la sfida dell'artigianato contemporaneo: mantenere viva la tradizione, aprendosi al mondo e al futuro. È una sfida che richiede coraggio, creatività e una visione chiara. Ma è anche un'opportunità straordinaria per trasformare l'artigianato in un protagonista del cambiamento, capace di coniugare bellezza e innovazione, radici e ali.

L'evoluzione dell'artigianato non è soltanto una questione di tecnica o di mercato. È, prima di tutto, una questione di identità. Ogni oggetto artigianale racconta la storia di chi l'ha creato, del territorio in cui è nato, delle mani che l'hanno plasmato. E questa storia è ciò che distingue un prodotto artigianale da uno industriale.

Pensiamo a un piccolo laboratorio tessile in Toscana, dove da generazioni si realizzano tessuti pregiati utilizzando telai a mano. La famiglia che gestisce il laboratorio ha sempre prodotto tessuti per l'alta moda, lavorando su commissione per i grandi stilisti italiani. Ma negli ultimi anni, con la crisi economica e l'arrivo di nuovi materiali sintetici a basso costo, le richieste sono diminuite. Così, i giovani della famiglia hanno deciso di cambiare rotta. Hanno iniziato a creare una linea di prodotti propria, mescolando tecniche tradizionali con disegni moderni e innovativi.

Hanno aperto un sito web e, con l'aiuto di un giovane grafico, hanno realizzato una serie di video che mostrano il processo di produzione, dal telaio all'oggetto finito. I video, pubblicati sui social media, hanno subito attirato l'attenzione di un pubblico internazionale. Le richieste sono aumentate, e oggi il piccolo laboratorio è conosciuto in tutto il mondo per i suoi tessuti unici, che combinano il savoir-faire toscano con un'estetica contemporanea. Questa storia dimostra come, utilizzando strumenti digitali e comunicativi, l'artigianato possa trovare una nuova vitalità e attrarre un pubblico globale.

Queste storie di successo non devono farci dimenticare, tuttavia, le difficoltà che molti artigiani incontrano nel confrontarsi con il cambiamento. La digitalizzazione e l'innovazione richiedono investimenti, competenze e una mentalità aperta. Non tutti gli artigiani sono pronti o in grado di affrontare questo percorso da soli. Ed è qui che entrano in gioco le istituzioni e le associazioni di categoria.

Le esperienze di successo in Italia e all'estero mostrano che, con il giusto supporto, anche i laboratori più piccoli possono affrontare le sfide della modernità. In Spagna, il progetto "Crafting the Future" ha creato una rete di supporto per artigiani di diverse regioni, offrendo loro formazione sulle nuove tecnologie e opportunità di scambio con designer e artisti. I risultati sono stati straordinari: molti artigiani, che prima faticavano a trovare clienti, hanno iniziato a collaborare con grandi marchi e a vendere i propri prodotti online.

Anche in Italia ci sono esperienze positive. Il "Laboratorio dell'Artigianato" di Firenze, un'iniziativa promossa dalla Camera di Commercio, ha creato un incubatore per giovani artigiani, mettendo a loro disposizione spazi di lavoro condivisi, macchinari e consulenze specialistiche. Grazie a questo supporto, molti giovani artigiani sono riusciti a sviluppare nuove collezioni, a trovare finanziamenti e a entrare in contatto con un pubblico più ampio.

Il supporto istituzionale è fondamentale per creare un contesto favorevole all'innovazione artigianale. Le istituzioni possono facilitare l'accesso ai finanziamenti, offrire spazi di lavoro e promuovere eventi che mettano in contatto artigiani, designer e imprenditori. Ma per farlo, è necessario che ci sia una visione chiara e condivisa. È importante che enti locali, associazioni e imprese lavorino insieme per creare un ecosistema che valorizzi il potenziale dell'artigianato, non solo come settore economico, ma anche come motore di sviluppo culturale e sociale.

L'artigianato può infatti avere un impatto significativo sul territorio. Non solo crea posti di lavoro e attrae turisti, ma contribuisce anche a mantenere vive le tradizioni locali e a rafforzare l'identità culturale di una comunità. Pensiamo, ad esempio, ai piccoli borghi italiani, molti dei quali rischiano di spopolarsi. In questi luoghi, l'artigianato può diventare un fattore di attrazione, richiamando nuovi abitanti e visitatori interessati a scoprire le eccellenze locali.

In questo senso, il turismo esperienziale legato all'artigianato è un'opportunità da non sottovalutare. Offrire ai visitatori la possibilità di partecipare a laboratori, di vedere come nascono i prodotti e di conoscere gli artigiani di persona può trasformare una semplice visita in un'esperienza unica e memorabile. In molti paesi, questo tipo di turismo ha già avuto grande successo. In Giappone, ad esempio, il "Craft Tourism" è una realtà consolidata: i visitatori possono prenotare esperienze in laboratori di ceramica, tessitura e lavorazione del legno, imparando dai maestri artigiani e creando con le proprie mani oggetti unici.

Anche in Italia ci sono iniziative simili, come il "Distretto dell'Artigianato Artistico" in Sardegna, dove i turisti possono seguire percorsi tematici che li portano alla scoperta delle botteghe e delle tradizioni locali. Queste iniziative non solo valorizzano il lavoro degli artigiani, ma creano anche un legame più profondo tra il visitatore e il territorio, favorendo un turismo sostenibile e di qualità.

L'artigianato ha quindi il potenziale per diventare un elemento centrale nelle strategie di sviluppo locale. Ma per realizzare questo potenziale, è necessario un impegno collettivo. Gli artigiani devono essere disposti a mettersi in gioco, ad aprirsi al cambiamento e a collaborare con altre realtà. Le istituzioni devono offrire strumenti concreti, ma anche un quadro normativo e fiscale che favorisca l'innovazione e la crescita. Le associazioni di categoria devono farsi promotrici di questa trasformazione, creando reti e opportunità di confronto e collaborazione.

Il futuro dell'artigianato è nelle nostre mani. È una sfida che richiede coraggio, visione e una grande passione. Ma è anche un'opportunità straordinaria per costruire un modello di sviluppo più sostenibile, più umano e più radicato nei valori e nelle tradizioni del nostro territorio.

In questo libro esploreremo le strade che artigiani, istituzioni e associazioni possono percorrere insieme per realizzare questa visione. Scopriremo progetti concreti, strumenti e risorse per trasformare l'artigianato in un protagonista dell'innovazione e dello sviluppo locale. Perché l'artigianato non è solo un mestiere: è un'arte, una cultura, un modo di vivere e di vedere il mondo. E, come tutte le cose preziose, merita di essere custodito, valorizzato e fatto crescere.

Uno degli esempi più affascinanti di come l'artigianato possa abbracciare l'innovazione, senza tradire le proprie radici, è rappresentato dal progetto "Fabbrica Diffusa" di Barcellona. In questo progetto, nato per rivitalizzare i quartieri storici della città, le botteghe artigiane sono state trasformate in laboratori di innovazione. Ogni artigiano ha mantenuto la propria identità e il proprio metodo di lavoro, ma ha iniziato a collaborare con designer, ingegneri e tecnologi per sviluppare prodotti unici, destinati a mercati globali.

In una piccola bottega di ebanisteria, ad esempio, il maestro artigiano ha iniziato a sperimentare con il design parametrico, grazie all'aiuto di un giovane architetto. Utilizzando software avanzati, progettano mobili che combinano la precisione del taglio laser con l'eleganza della lavorazione manuale. Il risultato è una collezione di arredi che ha catturato l'attenzione della critica e ha permesso all'artigiano di rilanciare la propria attività, raggiungendo un pubblico che prima gli era precluso.

Questo esempio dimostra che, quando tradizione e innovazione si incontrano, nascono nuove possibilità. L'artigianato non è condannato a rimanere un settore di nicchia, legato solo alla nostalgia del passato. Può diventare una forza dinamica, capace di innovare e di ispirare. Ma per farlo, ha bisogno di strumenti e di supporto.

L'innovazione tecnologica è solo una parte della soluzione. La vera sfida è quella di innovare anche i modelli di business, le modalità di comunicazione e i canali di distribuzione. Molti artigiani, pur avendo prodotti di alta qualità, faticano a farsi conoscere e a raggiungere i propri clienti. In un mondo sempre più connesso, è essenziale saper utilizzare il digitale per raccontare la propria storia, per costruire un brand e per trovare nuovi mercati.

In questo senso, le piattaforme digitali possono offrire opportunità straordinarie. Negli ultimi anni, molte piccole imprese artigianali sono riuscite a farsi conoscere a livello internazionale grazie a piattaforme come Etsy, che permette agli artigiani di vendere i propri prodotti direttamente ai consumatori. Ma queste piattaforme non sono l'unica soluzione. Anche i social media possono essere strumenti potentissimi per creare una community di appassionati e per raccontare il valore unico del lavoro artigianale.

Pensiamo alla storia di una giovane ceramista italiana, che ha deciso di utilizzare Instagram per documentare il suo lavoro quotidiano in laboratorio. Pubblicando foto e video del processo creativo, delle sue fonti di ispirazione e delle sue opere finite, è riuscita a costruire una community di migliaia di follower da tutto il mondo. Oggi, le sue ceramiche sono richieste da clienti in Europa, America e Asia, e il suo laboratorio è diventato un punto di riferimento per chi cerca prodotti unici e fatti a mano.

Questa è la forza delle nuove tecnologie: permettono di abbattere le barriere geografiche e di far conoscere il proprio lavoro a un pubblico globale. Ma per utilizzare al meglio questi strumenti, è necessario saperli padroneggiare. Gli artigiani non devono diventare esperti di marketing o di tecnologia, ma devono avere accesso a risorse e competenze che li aiutino a sfruttare appieno le opportunità offerte dal digitale.

Ed è qui che entra in gioco il ruolo delle associazioni di categoria e delle istituzioni. Creare programmi di formazione che aiutino gli artigiani a sviluppare competenze digitali e imprenditoriali è fondamentale. Non si tratta solo di insegnare a usare i social media o a costruire un sito web, ma di trasmettere una mentalità aperta al cambiamento, capace di cogliere le opportunità del mercato globale senza perdere di vista le proprie radici.

In Francia, ad esempio, il programma "Les Nouveaux Artisans" offre agli artigiani corsi di formazione su temi come il branding, il digital marketing e la gestione aziendale. Il progetto, finanziato in parte dal governo e in parte da fondi privati, ha permesso a centinaia di piccoli imprenditori di acquisire nuove competenze e di rilanciare le proprie attività. Molti artigiani, che prima faticavano a trovare clienti, sono riusciti a trasformare il proprio laboratorio in un'impresa sostenibile e in crescita.

Anche in Italia, ci sono esempi di buone pratiche. A Milano, il "Laboratorio di Design e Artigianato" ha creato un programma di mentorship per giovani artigiani, mettendoli in contatto con designer e imprenditori di successo. Questo progetto ha dato vita a collaborazioni sorprendenti, come quella tra un maestro pellettiere e un giovane stilista, che insieme hanno creato una collezione di borse e accessori venduta in boutique di lusso in tutto il mondo.

Questi esempi dimostrano che l'innovazione non deve essere vista come una minaccia, ma come un'opportunità. Ogni artigiano può trovare la propria strada per evolvere, senza rinunciare alla propria identità. L'importante è avere il coraggio di sperimentare, di aprirsi al cambiamento e di cercare nuove strade per valorizzare il proprio lavoro.

E questa trasformazione non riguarda solo i singoli artigiani, ma l'intero sistema. Le istituzioni devono impegnarsi a creare un contesto favorevole, in cui l'innovazione artigianale possa prosperare. Devono investire in infrastrutture, come i laboratori condivisi e gli hub di innovazione, e devono facilitare l'accesso ai finanziamenti per chi vuole avviare o rinnovare un'attività artigianale.

Le associazioni di categoria, da parte loro, devono farsi promotrici di questo cambiamento, offrendo supporto e consulenza agli artigiani, creando reti di collaborazione e promuovendo il valore dell'artigianato sia a livello nazionale che internazionale. Devono essere il ponte tra il mondo dell'artigianato e quello delle istituzioni, facilitando il dialogo e la collaborazione.

Perché l'artigianato, in fondo, è una risorsa preziosa non solo per chi lo pratica, ma per tutta la società. È un patrimonio culturale e identitario che merita di essere custodito e valorizzato. È una fonte di bellezza, di creatività e di innovazione che può arricchire il nostro modo di vivere e di vedere il mondo.

In questo capitolo, abbiamo visto come tradizione e innovazione possano convivere e arricchirsi a vicenda. Abbiamo esplorato storie di successo, esempi di buone pratiche e progetti che dimostrano come l'artigianato possa diventare un protagonista dell'innovazione. Ma il percorso è appena iniziato. Nei capitoli successivi, vedremo come queste idee possano essere trasformate in progetti concreti, come le istituzioni e le associazioni possano sostenere gli artigiani nel loro percorso di crescita e come ciascuno di noi possa contribuire a costruire un futuro in cui l'artigianato sia riconosciuto per il suo valore unico e insostituibile.

Perché, come diceva il grande filosofo e artigiano William Morris, "Non avere niente nella tua casa che tu non sappia utile, o che non creda bello". E l'artigianato è tutto questo: utile, bello e profondamente umano.

CAPITOLO 2: IL RUOLO DELLE ISTITUZIONI NEL RILANCIO DELL'ARTIGIANATO

Le istituzioni, locali e nazionali, hanno un ruolo cruciale nel sostenere il rilancio e l'innovazione dell'artigianato. Non si tratta solo di promuovere politiche economiche favorevoli, ma di costruire un ecosistema in cui gli artigiani possano prosperare, evolversi e trovare nuove strade per valorizzare il proprio lavoro. In un mondo in rapido cambiamento, l'artigianato può diventare un motore di sviluppo locale e un elemento distintivo delle comunità, se sostenuto adeguatamente.

Immaginiamo un piccolo paese dell'entroterra siciliano, un borgo che negli anni ha visto molte delle sue botteghe artigiane chiudere e i giovani partire in cerca di migliori opportunità. Le strade sono silenziose, e i segni di una vita che sembra essersi fermata a qualche decennio fa sono visibili in ogni angolo. Ma le cose stanno cambiando. Grazie a un progetto promosso dalla Regione, alcune delle vecchie botteghe sono state riaperte, affidate a giovani artigiani che hanno deciso di tornare e di scommettere sul futuro del loro paese.

Il progetto si chiama **"Botteghe Aperte"** e prevede un sostegno economico e formativo per chiunque voglia avviare un'attività artigianale nel borgo. La Regione ha messo a disposizione fondi per ristrutturare i locali, acquistare attrezzature e offrire corsi di formazione in marketing, gestione aziendale e utilizzo delle tecnologie digitali. In pochi anni, il paese è rinato. Le strade sono tornate a popolarsi di visitatori, attratti dalla qualità e dall'unicità dei prodotti artigianali offerti. I giovani artigiani hanno trovato una comunità pronta a sostenerli e un pubblico desideroso di conoscere le loro storie e di acquistare i loro prodotti.

Questo esempio dimostra che, con una visione chiara e un impegno concreto, le istituzioni possono fare la differenza. Possono creare le condizioni perché l'artigianato non sia solo un mestiere del passato, ma un'opportunità di crescita e di sviluppo per il futuro. Ma per farlo, è necessario andare oltre le iniziative sporadiche e costruire un vero e proprio ecosistema dell'innovazione artigianale.

Un elemento fondamentale di questo ecosistema sono gli **hub di innovazione artigianale**, spazi dove gli artigiani possono accedere a tecnologie avanzate, incontrare altri professionisti e sviluppare nuovi progetti. Questi hub non sono solo laboratori, ma luoghi di incontro e di scambio, dove la tradizione si fonde con l'innovazione, e dove l'artigianato diventa un laboratorio di sperimentazione creativa.

Un esempio emblematico è il **"FabCity"** di Barcellona. Questo progetto, nato con il supporto del Comune e dell'Università, ha trasformato una vecchia fabbrica in un centro di innovazione per artigiani, designer e creativi. Qui, gli artigiani possono utilizzare macchinari come stampanti 3D e tagliatrici laser, partecipare a workshop su nuove tecnologie e collaborare con ingegneri e architetti per sviluppare progetti innovativi. Ma non è tutto: il FabCity è anche un luogo aperto alla comunità, dove i cittadini possono partecipare a laboratori, conoscere gli artigiani e acquistare i loro prodotti.

Questo modello di innovazione diffusa, che coinvolge non solo gli artigiani ma l'intera comunità, potrebbe essere replicato in molte altre città. Gli hub di innovazione artigianale non devono essere visti solo come spazi di lavoro, ma come centri di cultura e di socialità, capaci di attrarre visitatori e di creare un legame più forte tra artigiani e territorio. Anche in Italia ci sono esperienze significative. A Firenze, il **"Manifattura Tabacchi"**, un ex complesso industriale, è stato trasformato in un hub creativo dove arte, design e artigianato si incontrano. Gli spazi, recuperati e adattati alle esigenze moderne, ospitano botteghe artigiane, studi di design e gallerie d'arte. Qui, gli artigiani possono sperimentare nuove tecniche, collaborare con artisti e designer e accedere a un pubblico internazionale. Il progetto, supportato dalla Fondazione CR Firenze e da privati, è diventato un esempio di come il patrimonio industriale dismesso possa essere riqualificato e trasformato in un motore di sviluppo culturale ed economico.

Le istituzioni, però, non devono limitarsi a fornire spazi e risorse. Devono anche favorire la creazione di reti di collaborazione tra gli artigiani, le imprese e i centri di ricerca. È fondamentale che chi lavora nel settore artigianale non si senta isolato, ma parte di una comunità più ampia che condivide esperienze, competenze e obiettivi.

Un esempio interessante viene dal Giappone, dove il governo ha promosso il progetto **"Tsubame-Sanjo Factory Festival"**, un evento annuale che riunisce artigiani, designer e aziende manifatturiere della regione di Tsubame-Sanjo, famosa per la produzione di utensili e oggetti in metallo. Durante il festival, i visitatori possono entrare nei laboratori, conoscere gli artigiani e partecipare a workshop di produzione. Ma il festival non è solo un'occasione per promuovere i prodotti locali: è anche un momento di incontro e di scambio, in cui artigiani e imprenditori possono confrontarsi e sviluppare nuove collaborazioni. Il governo, in collaborazione con le associazioni di categoria, ha creato una rete di supporto che facilita l'accesso a finanziamenti, tecnologie e mercati per gli artigiani che partecipano al progetto.

Anche in Italia, esperienze come il **"Distretto del Tessile"** di Biella dimostrano l'importanza delle reti di collaborazione. In questa area, storicamente legata alla produzione di tessuti, le istituzioni locali, le imprese e i centri di ricerca hanno unito le forze per promuovere l'innovazione e la sostenibilità nel settore. Attraverso progetti di ricerca applicata, formazione e promozione del prodotto locale, il distretto è riuscito a rinnovarsi, attirando nuovi investimenti e creando nuove opportunità di lavoro.

Questi esempi dimostrano che, per sostenere l'artigianato, non bastano le buone intenzioni. Servono progetti concreti, una visione chiara e un impegno costante nel tempo. Le istituzioni devono essere in grado di ascoltare le esigenze degli artigiani, di comprendere le dinamiche del settore e di sviluppare strategie che siano realmente efficaci.

Un altro aspetto fondamentale è la **formazione continua.** L'innovazione richiede competenze, e le competenze devono essere aggiornate costantemente. Le istituzioni possono giocare un ruolo chiave nell'offrire opportunità di formazione e aggiornamento per gli artigiani, collaborando con scuole, università e centri di ricerca. Non si tratta solo di insegnare nuove tecniche, ma di sviluppare una mentalità aperta al cambiamento, capace di cogliere le opportunità del mercato globale.

In Francia, il progetto **"Les Compagnons du Devoir"** offre percorsi di formazione che combinano teoria e pratica, tradizione e innovazione. I giovani apprendisti vengono formati in diverse città del paese, lavorando a fianco di maestri artigiani e partecipando a corsi di aggiornamento su nuove tecnologie e metodologie. Il programma, sostenuto dal governo e da partner privati, ha permesso di formare migliaia di giovani artigiani, che oggi sono in grado di affrontare le sfide del mercato con competenze aggiornate e una visione globale.

In Italia, iniziative come **"Artigiano Contemporaneo"** offrono corsi di formazione su temi come il marketing digitale, la gestione aziendale e l'innovazione tecnologica, rivolti a chi già opera nel settore e vuole aggiornare le proprie competenze. Questi progetti sono fondamentali per sostenere la crescita e la competitività degli artigiani, offrendo loro strumenti concreti per affrontare un mercato in continua evoluzione.

Le istituzioni, inoltre, possono giocare un ruolo importante nel **promuovere il turismo legato all'artigianato**. Come abbiamo visto nel capitolo precedente, il turismo esperienziale può diventare un volano per l'economia locale, creando un legame profondo tra i visitatori e il territorio. Iniziative come **"Le Vie dell'Artigianato"** in Toscana, che offre percorsi tematici alla scoperta delle botteghe artigiane della regione, dimostrano che è possibile integrare turismo e artigianato in modo sostenibile e profittevole.

Il turismo artigianale non è solo una moda, ma un'opportunità reale di sviluppo. I visitatori sono sempre più interessati a esperienze autentiche, che permettano di entrare in contatto con la cultura e le tradizioni locali. Offrire loro la possibilità di visitare le botteghe, di partecipare a laboratori e di conoscere gli artigiani può trasformare una semplice vacanza in un'esperienza unica e indimenticabile.

Perché questo accada, però, è necessario che le istituzioni investano nella promozione e nella valorizzazione del patrimonio artigianale. Devono creare reti di collaborazione tra gli artigiani, le strutture ricettive e le agenzie di viaggio, e devono facilitare l'accesso ai finanziamenti per chi vuole sviluppare questo tipo di offerta. Solo così l'artigianato potrà diventare un elemento centrale dell'offerta turistica e un motore di sviluppo per le comunità locali.

In conclusione, il ruolo delle istituzioni nel rilancio dell'artigianato è cruciale. Devono essere capaci di creare un contesto favorevole, di offrire supporto e risorse, ma anche di promuovere una visione che valorizzi il patrimonio artigianale come elemento distintivo e strategico per il futuro. È una sfida ambiziosa, che richiede impegno, competenze e una grande passione. Ma è anche un'opportunità straordinaria per costruire un modello di sviluppo più sostenibile, più equo e più radicato nelle tradizioni e nei valori delle nostre comunità.

CAPITOLO 3: L'ECONOMIA CIRCOLARE E IL FUTURO SOSTENIBILE DELL'ARTIGIANATO

L'artigianato ha una lunga storia di sostenibilità. In un'epoca in cui ogni risorsa era preziosa, gli artigiani sapevano sfruttare al massimo i materiali a disposizione, recuperando, riciclando e riutilizzando tutto ciò che poteva essere trasformato in un nuovo prodotto. Questa saggezza antica può diventare una guida preziosa per affrontare le sfide ambientali del nostro tempo. L'economia circolare, un modello che mira a ridurre al minimo gli sprechi e a valorizzare ogni risorsa, trova nell'artigianato un alleato naturale.

Immaginiamo un laboratorio di falegnameria in Piemonte, dove il maestro falegname, Giacomo, continua a utilizzare tecniche tradizionali per realizzare mobili e oggetti in legno. Negli ultimi anni, ha deciso di dare una nuova vita ai materiali di scarto che prima venivano considerati inutilizzabili. Dai piccoli pezzi di legno avanzati dalla produzione, ha iniziato a creare complementi d'arredo unici: tavolini, mensole e decorazioni murali che hanno riscosso un grande successo. Grazie a questa intuizione, ha ridotto significativamente i rifiuti del laboratorio e ha trovato un nuovo mercato per i suoi prodotti.

Questa storia ci ricorda che l'economia circolare non è una novità, ma una pratica che fa parte del DNA dell'artigianato. Oggi, però, l'artigianato può fare un passo in più, integrando le tecnologie digitali e collaborando con altri settori per sviluppare soluzioni innovative e sostenibili.

Un esempio straordinario viene dal progetto **"Trash2Treasure"** in Danimarca. In questo progetto, artigiani, designer e aziende collaborano per trasformare i rifiuti industriali in prodotti di design. Il legno scartato da una fabbrica di mobili diventa la materia prima per la creazione di gioielli, mentre i tessuti non utilizzati dalle aziende di moda vengono trasformati in borse e accessori. Ogni anno, il progetto coinvolge oltre cinquanta artigiani e designer, che partecipano a workshop e a eventi pubblici per mostrare il potenziale creativo dei materiali di scarto. Il progetto non solo contribuisce a ridurre i rifiuti, ma sensibilizza il pubblico sull'importanza della sostenibilità e del riuso.

Questa esperienza dimostra che l'economia circolare non è solo un'opportunità per ridurre l'impatto ambientale, ma anche un motore di innovazione e di sviluppo economico. Gli artigiani, con la loro capacità di trasformare la materia, possono diventare protagonisti di questa rivoluzione, creando prodotti che uniscono bellezza, funzionalità e rispetto per l'ambiente.

Ma per farlo, è necessario un cambio di paradigma. Gli artigiani devono essere supportati nel percorso di trasformazione verso la sostenibilità. Devono avere accesso a materiali riciclati di qualità, a tecnologie che facilitino il riuso e a mercati che riconoscano e valorizzino il loro impegno ambientale. Le istituzioni, da parte loro, devono creare le condizioni per favorire l'economia circolare nel settore artigianale, attraverso incentivi, reti di collaborazione e progetti di sensibilizzazione.

In Francia, il progetto **"Re-Made"** ha sviluppato una piattaforma che mette in contatto le aziende che producono scarti con gli artigiani che possono utilizzarli. La piattaforma funziona come un marketplace, dove le imprese caricano le descrizioni dei materiali disponibili e gli artigiani possono acquistare a prezzi ridotti ciò che serve loro per la produzione. Grazie a questa iniziativa, tonnellate di materiali che sarebbero finiti in discarica trovano una nuova vita, trasformati in oggetti di design. Ma non è tutto: il progetto include anche un programma di formazione per insegnare agli artigiani come utilizzare i materiali riciclati, e una rete di spazi condivisi dove gli artigiani possono lavorare insieme e scambiarsi idee.

Questo modello potrebbe essere replicato in molti altri contesti, creando una rete di economia circolare che coinvolga artigiani, aziende e comunità locali. Ma per farlo, è necessario superare alcune sfide. La prima è quella della mentalità. Molti artigiani, abituati a lavorare con materiali di alta qualità, vedono il riuso come una diminuzione del valore del proprio lavoro. È necessario dimostrare che i materiali riciclati possono essere altrettanto nobili e che il vero valore del lavoro artigianale risiede nella capacità di trasformare la materia, indipendentemente dalla sua origine.

La seconda sfida è quella della logistica. Gli artigiani spesso lavorano in piccoli laboratori, dove non c'è spazio per stoccare grandi quantità di materiali. È quindi importante sviluppare una logistica agile, che permetta di acquistare e ricevere i materiali solo quando necessari, riducendo al minimo gli sprechi e i costi.

La terza sfida è quella del mercato. I prodotti realizzati con materiali riciclati devono essere valorizzati e comunicati in modo efficace. I consumatori devono comprendere il valore aggiunto di un prodotto sostenibile, che non è solo bello e funzionale, ma anche rispettoso dell'ambiente. Per farlo, è necessario investire nella comunicazione, raccontando la storia dietro ogni prodotto e creando una narrazione che coinvolga e ispiri.

In questo senso, le piattaforme digitali possono giocare un ruolo fondamentale. Attraverso i social media, i siti web e gli e-commerce, gli artigiani possono raccontare la storia dei loro prodotti, mostrare il processo di trasformazione e creare un legame più profondo con i clienti. Pensiamo, ad esempio, al caso di **"Precious Plastic"**, un progetto nato nei Paesi Bassi che offre macchinari open-source per il riciclo della plastica. Grazie a una campagna di comunicazione efficace, il progetto è diventato virale sui social media, attirando l'attenzione di artigiani, designer e attivisti ambientali di tutto il mondo. Oggi, ci sono centinaia di laboratori "Precious Plastic" in oltre cinquanta paesi, che trasformano la plastica di scarto in oggetti di design.

Questa esperienza dimostra che la sostenibilità può diventare un elemento distintivo e attrattivo per l'artigianato. I consumatori sono sempre più attenti all'impatto ambientale dei loro acquisti, e sono disposti a pagare di più per prodotti che rispettano l'ambiente e le persone. Ma per intercettare questo mercato, è necessario saper comunicare in modo chiaro e trasparente, costruendo un brand che sia riconoscibile e credibile.

Per questo motivo, le istituzioni e le associazioni di categoria devono supportare gli artigiani nella costruzione di una narrazione coerente e coinvolgente. Devono offrire strumenti di comunicazione, creare campagne di sensibilizzazione e promuovere i prodotti artigianali sostenibili a livello nazionale e internazionale. Devono, insomma, creare un contesto in cui la sostenibilità non sia solo un'opzione, ma una scelta naturale e vantaggiosa.

In Italia, il progetto **"Zero Waste Lab"** a Milano sta sperimentando una nuova forma di economia circolare, coinvolgendo artigiani, artisti e designer nella trasformazione di materiali di scarto in opere d'arte e oggetti di design. Il laboratorio, aperto al pubblico, organizza workshop e mostre per sensibilizzare i cittadini sul tema della sostenibilità e per mostrare il potenziale creativo dei materiali di scarto. Ma il progetto non si ferma qui: ogni anno, il Zero Waste Lab organizza un festival dedicato all'economia circolare, con conferenze, esposizioni e laboratori aperti a tutti. Questo tipo di iniziative dimostra che l'artigianato può diventare un veicolo di cambiamento culturale, capace di sensibilizzare e coinvolgere la comunità in un percorso di consapevolezza e di trasformazione.

In conclusione, l'artigianato ha tutte le carte in regola per diventare un protagonista dell'economia circolare. Con la sua capacità di valorizzare ogni risorsa e di trasformare la materia, può offrire soluzioni creative e sostenibili alle sfide ambientali del nostro tempo. Ma per farlo, è necessario un impegno collettivo. Gli artigiani devono essere disposti a sperimentare e a innovare, le istituzioni devono creare le condizioni per favorire questa trasformazione e i consumatori devono riconoscere e premiare il valore di un prodotto fatto a mano, con cura e rispetto per l'ambiente.

Solo così l'artigianato potrà continuare a essere, non solo un patrimonio culturale da preservare, ma anche una forza vitale, capace di ispirare e di innovare, di creare bellezza e valore, rispettando il pianeta e le persone che lo abitano.

L'economia circolare, con il suo approccio orientato alla riduzione degli sprechi e alla valorizzazione delle risorse, trova nell'artigianato un terreno fertile per crescere e svilupparsi. In tutto il mondo, ci sono esempi di artigiani e comunità che hanno saputo trasformare materiali di scarto in nuove opportunità, creando prodotti che uniscono bellezza, funzionalità e rispetto per l'ambiente. Ecco alcuni casi significativi che dimostrano come l'artigianato possa essere un protagonista della transizione verso un'economia più sostenibile.

Progetto "UpCycle Studio" – Australia

In Australia, il progetto "UpCycle Studio" ha creato una rete di artigiani e designer che collaborano per trasformare materiali di scarto in oggetti di design unici. Il progetto è nato dalla volontà di ridurre l'impatto ambientale dell'industria della moda, uno dei settori più inquinanti al mondo. Utilizzando tessuti scartati, vecchi abiti e persino scarti industriali, gli artigiani di UpCycle Studio creano borse, accessori e capi di abbigliamento che hanno conquistato un vasto pubblico.

Ma il progetto va oltre la produzione di oggetti: organizza workshop aperti al pubblico per insegnare le tecniche di riuso e riparazione, promuovendo una cultura del consumo responsabile. Gli eventi attirano persone di tutte le età, che imparano a vedere i materiali di scarto come una risorsa e a sviluppare un nuovo rispetto per l'artigianato. Grazie a questa combinazione di produzione, formazione e sensibilizzazione, UpCycle Studio ha avuto un impatto significativo sulla comunità, contribuendo a ridurre i rifiuti e a diffondere un modello di consumo più consapevole.

Progetto "Materiom" – Messico

In Messico, il progetto "Materiom" è nato per sviluppare nuovi materiali sostenibili a partire da risorse naturali e rifiuti organici. Il progetto coinvolge artigiani, scienziati e designer in un percorso di ricerca e sperimentazione che ha portato alla creazione di biopolimeri, tessuti vegetali e materiali compostabili. Uno dei materiali più innovativi sviluppati da Materiom è una bioplastica ottenuta dagli scarti dell'agave, una pianta molto diffusa in Messico.

Questa bioplastica, completamente biodegradabile, viene utilizzata per creare contenitori, stoviglie e oggetti di design che mantengono le qualità estetiche e funzionali della plastica tradizionale, ma con un impatto ambientale ridotto. Gli artigiani coinvolti nel progetto hanno trovato nuove opportunità di lavoro e di crescita, sviluppando prodotti innovativi che hanno attirato l'attenzione di aziende e istituzioni.

Materiom è un esempio di come l'artigianato possa integrarsi con la ricerca scientifica per creare soluzioni sostenibili e innovative.

Progetto "From Waste to Wear" – Kenya

In Kenya, il progetto "From Waste to Wear" ha trasformato le strade di Nairobi in una risorsa per la produzione di moda sostenibile. Il progetto coinvolge cooperative di artigiani che raccolgono rifiuti di plastica dalle strade e dalle discariche, trasformandoli in tessuti e accessori. Utilizzando tecnologie innovative, come la filatura di plastica e la stampa 3D, gli artigiani creano abiti e accessori che vengono venduti a livello internazionale, contribuendo a ridurre l'inquinamento e a creare nuove opportunità di lavoro.

Oltre alla produzione, il progetto include programmi di formazione per i giovani delle comunità locali, insegnando loro le tecniche artigianali e le competenze necessarie per entrare nel mercato del lavoro. From Waste to Wear è un esempio straordinario di come l'economia circolare possa avere un impatto sociale ed economico significativo, trasformando un problema ambientale in un'opportunità di sviluppo.

Progetto "Algramo" – Cile

In Cile, il progetto "Algramo" ha rivoluzionato il modo in cui vengono distribuiti i prodotti di uso quotidiano, riducendo drasticamente l'uso di imballaggi monouso. Algramo ha sviluppato un sistema di distribuzione di beni di prima necessità, come detersivi e alimenti, utilizzando contenitori riutilizzabili. I clienti acquistano i prodotti alla spina, ricaricando i propri contenitori e riducendo la quantità di plastica utilizzata.

Gli artigiani locali collaborano con Algramo per realizzare contenitori e dispenser riutilizzabili, utilizzando materiali riciclati e tecniche tradizionali. Il progetto non solo riduce i rifiuti, ma promuove anche l'inclusione sociale, offrendo opportunità di lavoro a persone in difficoltà. Algramo è diventato un modello replicabile, ispirando progetti simili in altre parti del mondo e dimostrando che la sostenibilità può andare di pari passo con l'innovazione sociale.

Progetto "Goldfinger Factory" – Regno Unito

Nel cuore di Londra, il progetto "Goldfinger Factory" trasforma rifiuti e materiali di scarto in mobili e oggetti di design, combinando l'artigianato tradizionale con l'innovazione sociale. Il progetto, ospitato in un edificio di edilizia popolare, offre formazione e opportunità di lavoro a persone in difficoltà, insegnando loro le tecniche di falegnameria e design.

Gli artigiani di Goldfinger Factory utilizzano legno di recupero, metallo e altri materiali di scarto per creare mobili di alta qualità che vengono venduti a privati e aziende. Il progetto ha ottenuto un grande successo, collaborando con designer di fama internazionale e ricevendo commissioni da importanti aziende e istituzioni. Goldfinger Factory dimostra che l'economia circolare non è solo un modo per ridurre i rifiuti, ma anche un'opportunità per creare coesione sociale e sviluppo locale.

Progetto "Recyclart" – Belgio

A Bruxelles, il progetto "Recyclart" ha trasformato una vecchia stazione ferroviaria in un centro di innovazione sociale e artistica. Gli artigiani e gli artisti che lavorano a Recyclart utilizzano materiali di recupero per creare opere d'arte e oggetti di design, offrendo al tempo stesso formazione e opportunità di lavoro a persone svantaggiate.

Recyclart organizza workshop e laboratori aperti al pubblico, promuovendo una cultura del riuso e della creatività sostenibile. Il progetto è diventato un punto di riferimento per l'arte e l'artigianato contemporaneo, attirando visitatori e turisti da tutto il mondo. Recyclart è un esempio di come l'artigianato possa integrarsi con l'arte e l'innovazione sociale, creando un modello di economia circolare che valorizza le risorse e le persone.

Progetto "Furniture for Good" – Stati Uniti

Negli Stati Uniti, il progetto "Furniture for Good" si propone di trasformare i mobili scartati in nuove opportunità di vita per chi è in difficoltà. Il progetto coinvolge artigiani e designer che recuperano vecchi mobili destinati alla discarica e li trasformano in pezzi unici, venduti a privati e aziende. I proventi delle vendite vengono utilizzati per finanziare programmi di formazione e reinserimento lavorativo per persone senza fissa dimora e in situazioni di disagio.

Furniture for Good è un esempio di come l'economia circolare possa avere un impatto positivo non solo sull'ambiente, ma anche sulla società. I mobili recuperati, con le loro imperfezioni e i segni del tempo, diventano simboli di resilienza e di rinascita, dimostrando che ogni oggetto, così come ogni persona, merita una seconda possibilità.

CAPITOLO 4: LA RETE CHE UNISCE: ARTIGIANI, ISTITUZIONI E COMUNITÀ

L'artigianato non è solo sinonimo di prodotti fatti a mano e tradizioni secolari, ma comprende anche una vasta rete di piccole imprese che forniscono servizi essenziali al territorio. Idraulici, elettricisti, fabbri, muratori, manutentori: questi professionisti sono l'anima operativa delle nostre città e dei nostri paesi, custodi di competenze tecniche e pratiche che garantiscono la qualità della vita quotidiana. Come gli artigiani, queste piccole imprese sono profondamente radicate nel territorio e nella comunità, e come gli artigiani, affrontano sfide legate alla digitalizzazione, alla concorrenza globale e alla necessità di innovare.

Immaginiamo un piccolo paese della Toscana, dove le botteghe artigiane convivono con una rete di piccole imprese che offrono servizi essenziali per la manutenzione e la gestione degli edifici storici. Idraulici e fabbri collaborano con i restauratori per mantenere le antiche strutture, mentre elettricisti e manutentori si occupano di garantire la sicurezza e la funzionalità degli impianti. In questo contesto, l'artigianato e i servizi si intrecciano in un tessuto complesso e vitale, dove ogni professionista porta il proprio contributo per preservare e valorizzare il patrimonio locale.

In un mondo sempre più orientato verso l'urbanizzazione e la globalizzazione, queste piccole imprese rischiano di essere schiacciate dalla concorrenza di grandi aziende e piattaforme digitali che offrono servizi a basso costo e su larga scala. Per sopravvivere e prosperare, è necessario che anche queste realtà trovino nuovi modi per collaborare, per innovare e per valorizzare le proprie competenze e il proprio legame con il territorio.

Le Reti di Collaborazione: Un Modello di Sviluppo Integrato

Le reti di collaborazione, che uniscono artigiani, piccole imprese e comunità, possono diventare un modello di sviluppo integrato, capace di rispondere alle esigenze del territorio e di offrire servizi di alta qualità, sostenibili e personalizzati. Queste reti non solo migliorano l'efficienza e la qualità del lavoro, ma creano anche un senso di appartenenza e di solidarietà, rafforzando il legame tra i professionisti e la comunità.

Un esempio significativo è il progetto **"Botteghe e Mestieri"** in Emilia-Romagna, che ha creato una rete di artigiani e piccole imprese di servizi per offrire interventi integrati di restauro e manutenzione delle abitazioni. Il progetto, sostenuto dalle amministrazioni locali, ha messo in contatto restauratori, idraulici, elettricisti e muratori, creando squadre multidisciplinari in grado di affrontare qualsiasi intervento, dalla ristrutturazione di una casa antica alla manutenzione degli impianti. Questa collaborazione ha permesso di ridurre i costi e di migliorare la qualità del lavoro, offrendo ai clienti un servizio completo e personalizzato, e ai professionisti l'opportunità di crescere e di sviluppare nuove competenze.

Un altro esempio interessante è il **"Consorzio Servizi Artigiani"** nelle Marche, che riunisce una rete di piccole imprese locali specializzate in manutenzioni e ristrutturazioni. Il consorzio offre un portale online dove i cittadini possono richiedere preventivi e prenotare interventi, garantendo trasparenza e qualità del servizio. Grazie a questa piattaforma, le piccole imprese del consorzio hanno potuto migliorare la loro visibilità e la loro efficienza, collaborando tra loro per affrontare anche i progetti più complessi.

Il Ruolo delle Istituzioni nella Creazione delle Reti

Le istituzioni locali possono svolgere un ruolo fondamentale nella creazione e nel supporto delle reti di collaborazione tra artigiani e piccole imprese di servizi. Possono, ad esempio, facilitare la creazione di piattaforme digitali che mettano in contatto professionisti e clienti, garantendo trasparenza e qualità. Possono offrire incentivi per la formazione continua e per l'acquisizione di nuove competenze, aiutando i professionisti a rimanere aggiornati sulle tecnologie e sulle normative più recenti.

Un esempio significativo viene dalla Spagna, dove il governo della Catalogna ha creato il progetto **"Xarxa de Tallers"** (Rete di Laboratori), che mette in contatto artigiani, tecnici e professionisti dei servizi per offrire interventi integrati di restauro e manutenzione. La rete, sostenuta dalle amministrazioni locali e dalle associazioni di categoria, organizza corsi di formazione, eventi di networking e campagne di promozione, facilitando la collaborazione e lo scambio di competenze tra i diversi attori del territorio.

Anche in Italia ci sono esperienze simili. A Torino, il progetto **"Manutenzione Solidale"** ha creato una rete di piccole imprese che offrono servizi di manutenzione e riparazione a prezzi calmierati per le famiglie in difficoltà. Il progetto, sostenuto dal Comune e da alcune fondazioni private, offre agli artigiani e ai tecnici coinvolti l'opportunità di sviluppare nuove competenze e di entrare in contatto con una rete di professionisti, creando un modello di collaborazione che unisce qualità, solidarietà e sostenibilità.

La Comunità come Risorsa e Partner

La comunità non è solo destinataria dei servizi offerti dalle reti di collaborazione, ma può diventare un partner attivo, contribuendo con idee, risorse e competenze. In molte città italiane, i gruppi di cittadini si organizzano per rispondere alle esigenze del quartiere, collaborando con artigiani e tecnici locali per migliorare la qualità della vita e valorizzare il patrimonio urbano.

Un esempio interessante è il progetto **"Quartiere Attivo"** a Bologna, che coinvolge i residenti nella gestione e nella manutenzione degli spazi pubblici e delle abitazioni. I cittadini, organizzati in gruppi di volontariato, collaborano con idraulici, elettricisti e manutentori per effettuare piccoli interventi di riparazione e manutenzione, e per promuovere una cultura del rispetto e della cura del territorio. Grazie a questa collaborazione, molti spazi che prima erano abbandonati sono stati recuperati e valorizzati, creando un modello di partecipazione attiva che ha migliorato la qualità della vita e il senso di appartenenza alla comunità.

Anche a Milano, il progetto **"Fare Milano"** ha coinvolto i cittadini nella riqualificazione delle aree verdi e nella manutenzione degli edifici storici del centro. I cittadini, insieme a fabbri, muratori e tecnici, hanno lavorato per ripristinare antiche fontane, restaurare le ringhiere in ferro battuto e riparare le facciate degli edifici, creando un modello di collaborazione che ha coinvolto tutta la comunità e ha migliorato l'aspetto e la vivibilità della città.

Le Piattaforme Digitali: Un Nuovo Spazio per la Collaborazione

Oltre alle reti fisiche, le piattaforme digitali offrono un'opportunità straordinaria per creare nuove forme di collaborazione tra artigiani, piccole imprese e comunità. Le piattaforme digitali possono facilitare l'incontro tra domanda e offerta, offrire servizi di consulenza e supporto tecnico, e promuovere la condivisione di risorse e competenze.

Un esempio di successo è la piattaforma **"Fablab Network"**, che mette in contatto artigiani e tecnici con spazi di lavoro attrezzati e laboratori condivisi in tutto il mondo. Grazie a questa rete, i professionisti possono accedere a macchinari e attrezzature avanzate, collaborare con altri artigiani e tecnici e sviluppare progetti comuni. La piattaforma offre anche corsi di formazione online e consulenze personalizzate, facilitando l'accesso alle competenze e alle risorse necessarie per innovare e crescere.

Anche in Italia, la piattaforma **"Artigiani Digitali"** offre un punto di incontro tra artigiani, piccole imprese di servizi e clienti. La piattaforma permette di richiedere preventivi, prenotare interventi e valutare la qualità del servizio, garantendo trasparenza e affidabilità. Grazie a questa piattaforma, molte piccole imprese hanno trovato nuovi clienti e nuove opportunità di crescita, dimostrando che il digitale può diventare un alleato prezioso per il mondo dell'artigianato e dei servizi.

Conclusioni: Costruire una Rete Sostenibile e Inclusiva

Le reti di collaborazione tra artigiani, piccole imprese e comunità sono una risorsa fondamentale per sostenere lo sviluppo del territorio e per offrire servizi di alta qualità, sostenibili e personalizzati. Ma per costruire una rete di successo, è necessario un impegno collettivo e continuativo, che coinvolga tutti gli attori del territorio: i professionisti, le istituzioni, le associazioni e i cittadini.

Gli artigiani e le piccole imprese devono essere disposti a collaborare, a condividere le proprie competenze e a mettersi in gioco per offrire un servizio integrato e di qualità. Le istituzioni devono creare le condizioni per favorire l'incontro e il dialogo, offrendo supporto logistico e organizzativo, e promuovendo la formazione continua e l'innovazione. La comunità deve sostenere e promuovere il lavoro dei professionisti, riconoscendone il valore e il ruolo nella costruzione di un territorio più sostenibile e più umano.

Le piattaforme digitali possono diventare un'opportunità straordinaria per creare nuove forme di collaborazione e per offrire servizi di alta qualità, ma è necessario che queste piattaforme siano gestite in modo trasparente e partecipato, garantendo la qualità del servizio e la tutela dei diritti dei professionisti.

Solo così sarà possibile costruire una rete sostenibile e inclusiva, capace di valorizzare le competenze e le risorse del territorio, e di offrire un modello di sviluppo più equo e più rispettoso delle persone e dell'ambiente.

CAPITOLO 5: STRATEGIE DI BRANDING E PROMOZIONE DEL PRODOTTO ARTIGIANALE

L'artigianato e le piccole imprese che offrono servizi di qualità hanno una caratteristica comune: l'unicità. Ogni prodotto, ogni intervento è il risultato di un sapere specifico, di una competenza che si è costruita nel tempo e che spesso è legata a un territorio, a una storia, a un'identità. Ma questa unicità, che rappresenta il vero valore aggiunto dell'artigianato e dei servizi locali, rischia di rimanere invisibile in un mercato sempre più globale e competitivo. Per emergere, è necessario costruire un'identità forte e riconoscibile, capace di raccontare la storia e i valori che si celano dietro ogni prodotto e ogni servizio.

In questo contesto, le strategie di branding e di promozione giocano un ruolo fondamentale. Creare un marchio territoriale, sviluppare una comunicazione efficace, partecipare a eventi e fiere, collaborare con altre realtà locali: questi sono solo alcuni degli strumenti che artigiani e piccole imprese possono utilizzare per valorizzare il proprio lavoro e raggiungere un pubblico più ampio.

Il Branding Artigianale: Costruire un Marchio che Racconta una Storia

Il branding non è solo una questione di logo e di nome. È un processo che parte dalla definizione di un'identità chiara e distintiva, capace di raccontare la storia e i valori che si celano dietro ogni prodotto e ogni servizio. Per gli artigiani e le piccole imprese locali, questo significa valorizzare il legame con il territorio, la cura per i dettagli, l'attenzione alla qualità e al cliente.

Un esempio interessante è quello del marchio **"Made in Carpi"**, che riunisce le imprese tessili della città emiliana, nota per la produzione di abbigliamento di alta qualità. Il marchio, sostenuto dalle istituzioni locali e dalle associazioni di categoria, non si limita a promuovere i prodotti, ma racconta la storia di un territorio e di una tradizione che ha radici profonde. Ogni azienda che aderisce al marchio si impegna a rispettare standard di qualità e di sostenibilità, garantendo ai clienti che ogni prodotto è realizzato con cura e competenza.

Il marchio **"Made in Carpi"** non è solo un segno di riconoscimento, ma un vero e proprio strumento di valorizzazione del territorio e delle sue eccellenze, capace di attrarre l'attenzione di clienti e investitori a livello nazionale e internazionale. Questo modello potrebbe essere replicato in molti altri contesti, creando marchi territoriali che raccontano la storia e l'unicità delle produzioni locali.

Il Marketing Territoriale: Valorizzare il Legame con il Territorio

Il legame con il territorio è uno degli elementi distintivi dell'artigianato e delle piccole imprese locali. Ogni prodotto, ogni intervento è il risultato di un sapere che si è sviluppato in un contesto specifico, che ha radici profonde nella storia e nella cultura di un luogo. Valorizzare questo legame significa costruire un'immagine che non è solo legata al prodotto o al servizio, ma che racconta il territorio e le sue peculiarità.

Un esempio interessante viene dalla Sardegna, dove il marchio **"I.S.O.L.A."** (Impresa, Sostenibilità, Originalità, Lavoro, Arte) promuove le eccellenze artigianali e manifatturiere dell'isola. Il marchio, sostenuto dalla Regione Sardegna, riunisce artigiani, produttori agroalimentari e designer, creando una rete di eccellenze che valorizza il patrimonio culturale e naturale dell'isola. Ogni prodotto che porta il marchio I.S.O.L.A. racconta una storia di sostenibilità, di rispetto per l'ambiente e di qualità, offrendo ai clienti un'esperienza autentica e unica.

Anche in Toscana, il progetto **"Artigianato e Palazzo"** ha creato un legame tra le botteghe artigiane e le dimore storiche della regione, offrendo ai visitatori la possibilità di scoprire le eccellenze locali in un contesto di grande fascino. Il progetto, nato dalla collaborazione tra la Regione Toscana e alcune fondazioni private, organizza mostre, eventi e laboratori aperti al pubblico, creando un circuito turistico che valorizza il territorio e le sue produzioni.

Promuovere l'Artigianato e i Servizi: Eventi e Fiere per Farsi Conoscere

Partecipare a fiere ed eventi è un'opportunità preziosa per farsi conoscere e per entrare in contatto con nuovi clienti e partner. Per gli artigiani e le piccole imprese, questi eventi non sono solo un'occasione per esporre i propri prodotti e servizi, ma anche un momento di confronto e di scambio, dove è possibile conoscere le nuove tendenze del mercato e stringere nuove collaborazioni.

Un esempio significativo è il **"Salone del Mobile"** di Milano, una delle fiere più importanti a livello mondiale per il settore del design e dell'arredamento. Ogni anno, il Salone del Mobile ospita centinaia di espositori provenienti da tutto il mondo, offrendo una vetrina straordinaria per le eccellenze italiane e internazionali. Molti artigiani e piccole imprese partecipano al Salone del Mobile, presentando i propri prodotti e incontrando architetti, designer e imprenditori interessati a collaborare.

Anche il **"Mercato Europeo dell'Artigianato"** di Firenze è un evento di grande richiamo, che attira visitatori e turisti da tutto il mondo. Ogni anno, le botteghe artigiane del centro storico aprono le porte ai visitatori, offrendo dimostrazioni dal vivo e raccontando la storia e la tradizione che si celano dietro ogni prodotto. Questo evento, sostenuto dal Comune di Firenze e dalle associazioni di categoria, è un esempio di come l'artigianato possa diventare un elemento centrale dell'offerta turistica e culturale di una città.

La Comunicazione Digitale: Raccontare l'Artigianato e i Servizi attraverso il Web

Oltre agli eventi e alle fiere, la comunicazione digitale offre agli artigiani e alle piccole imprese un'opportunità straordinaria per farsi conoscere e per raggiungere un pubblico più ampio. I social media, i siti web e gli e-commerce permettono di raccontare la storia dei prodotti e dei servizi, di mostrare il processo di lavorazione e di creare un legame più diretto e personale con i clienti.

Un esempio interessante è quello di **"Etsy"**, una piattaforma di e-commerce che permette agli artigiani di vendere i propri prodotti in tutto il mondo. Etsy non è solo un negozio online, ma una comunità di creativi che condividono le proprie esperienze e le proprie competenze, creando un ambiente aperto e collaborativo. Molti artigiani hanno trovato in Etsy una risorsa preziosa per raggiungere nuovi mercati e per far conoscere il proprio lavoro a livello internazionale.

Anche i social media, come Instagram e Pinterest, possono diventare strumenti efficaci per promuovere l'artigianato e i servizi locali. Molti artigiani e tecnici utilizzano Instagram per documentare il proprio lavoro quotidiano, mostrando il processo di creazione e raccontando la storia dei propri prodotti. Questi contenuti, spesso accompagnati da fotografie e video di alta qualità, permettono di costruire un'immagine autentica e coinvolgente, creando un legame emotivo con i clienti.

Creare un Marchio Territoriale: Unire le Forze per Promuovere le Eccellenze Locali

La creazione di un marchio territoriale può diventare uno strumento potente per valorizzare le eccellenze locali e per costruire un'immagine forte e riconoscibile. Un marchio territoriale non è solo un segno di riconoscimento, ma un progetto di sviluppo che coinvolge tutti gli attori del territorio: artigiani, imprese, istituzioni e cittadini.

Un esempio significativo è il marchio **"Made in Tuscany"**, che promuove le eccellenze artigianali, agroalimentari e manifatturiere della regione. Il marchio, sostenuto dalla Regione Toscana e dalle associazioni di categoria, riunisce le imprese che rispettano standard di qualità e di sostenibilità, garantendo ai clienti che ogni prodotto è realizzato con competenza e passione. Made in Tuscany non è solo un marchio, ma una rete di imprese che collaborano per promuovere il territorio e per valorizzare le proprie produzioni.

Anche in Trentino, il progetto **"Artigiani di Montagna"** ha creato un marchio che unisce le imprese artigiane e manifatturiere delle aree alpine, promuovendo prodotti e servizi legati alla tradizione e al territorio. Il marchio, sostenuto dalla Provincia Autonoma di Trento, offre agli artigiani l'opportunità di partecipare a fiere ed eventi, di accedere a finanziamenti e di sviluppare nuove competenze, creando una rete di collaborazione che valorizza il patrimonio culturale e naturale delle montagne trentine.

Conclusioni: Verso una Nuova Cultura del Branding e della Promozione

Per gli artigiani e le piccole imprese locali, costruire un'identità forte e riconoscibile è fondamentale per emergere in un mercato sempre più globale e competitivo. Ma per farlo, è necessario andare oltre le logiche tradizionali del marketing, e costruire un brand che sia autentico, che racconti una storia e che valorizzi il legame con il territorio.

Le istituzioni e le associazioni di categoria possono svolgere un ruolo importante in questo processo, offrendo supporto e risorse per la creazione di marchi territoriali, per la partecipazione a fiere ed eventi e per lo sviluppo di strategie di comunicazione digitale. Ma il vero valore aggiunto viene dalla collaborazione tra i professionisti, le imprese e la comunità, che devono lavorare insieme per costruire un'immagine forte e coerente, capace di valorizzare l'unicità e la qualità delle produzioni locali.

Il branding e la promozione non sono solo strumenti di marketing, ma un modo per costruire una nuova cultura del lavoro, basata sulla qualità, sulla sostenibilità e sul rispetto per il territorio e per le persone. Una cultura che riconosce il valore dell'artigianato e dei servizi locali, e che offre ai professionisti l'opportunità di crescere e di sviluppare il proprio potenziale, contribuendo al benessere e allo sviluppo delle comunità.

CAPITOLO 6: LA FORMAZIONE CONTINUA COME STRUMENTO DI INNOVAZIONE E CRESCITA

In un mondo in continua evoluzione, dove le tecnologie cambiano rapidamente e le esigenze dei clienti diventano sempre più sofisticate, la formazione continua è un elemento cruciale per garantire la competitività e la crescita degli artigiani e delle piccole imprese locali. Non si tratta solo di acquisire nuove competenze tecniche, ma di sviluppare una mentalità aperta al cambiamento, capace di cogliere le opportunità del mercato globale senza perdere di vista le proprie radici e la propria identità.

Per artigiani, idraulici, elettricisti, fabbri, manutentori e tutte le piccole imprese che operano sul territorio, la formazione continua è un'opportunità per migliorare la qualità del proprio lavoro, per innovare e per rispondere in modo più efficace alle esigenze dei clienti. Ma è anche uno strumento per valorizzare il proprio sapere e la propria esperienza, per costruire un'identità professionale forte e riconoscibile.

Il Valore della Formazione Continua: Migliorare le Competenze per Rispondere alle Sfide del Mercato

La formazione continua non è solo un obbligo imposto dalle normative, ma un'opportunità per crescere e per migliorare la qualità del proprio lavoro. Per gli artigiani e le piccole imprese locali, questo significa acquisire competenze tecniche avanzate, ma anche sviluppare capacità gestionali e imprenditoriali, per affrontare con successo le sfide di un mercato sempre più competitivo e globalizzato.

Un esempio significativo viene dalla Germania, dove il programma **"Meisterschule"** offre percorsi di formazione avanzata per artigiani e tecnici, combinando insegnamenti teorici e pratici con esperienze di lavoro sul campo. Il programma, che dura dai due ai tre anni, permette di acquisire il titolo di "Maestro Artigiano", un riconoscimento che attesta competenze tecniche e gestionali di alto livello. I Maestri

Artigiani sono figure di riferimento per il settore, capaci di innovare e di trasmettere il proprio sapere alle nuove generazioni.

Anche in Italia, il progetto **"Artigiano Contemporaneo"** offre corsi di formazione su temi come il marketing digitale, la gestione aziendale e l'innovazione tecnologica, rivolti a chi già opera nel settore e vuole aggiornare le proprie competenze. I corsi, organizzati in collaborazione con università e centri di ricerca, combinano teoria e pratica, offrendo agli artigiani e ai tecnici l'opportunità di sviluppare nuove competenze e di sperimentare nuove tecniche e tecnologie.

La Formazione come Strumento di Innovazione e Crescita per le Piccole Imprese di Servizi

Per le piccole imprese che offrono servizi di manutenzione e riparazione, la formazione continua è fondamentale per rimanere aggiornati sulle nuove tecnologie e per garantire interventi di alta qualità. Idraulici, elettricisti, fabbri e manutentori devono conoscere le normative più recenti, saper utilizzare i nuovi strumenti e le nuove attrezzature, e sviluppare competenze trasversali, come la capacità di gestire i rapporti con i clienti e di lavorare in team.

Un esempio interessante è il progetto **"Manutentore 4.0"** in Lombardia, che offre corsi di formazione su temi come la domotica, l'efficienza energetica e la manutenzione predittiva. Il progetto, sostenuto dalla Regione Lombardia e dalle associazioni di categoria, mette a disposizione delle piccole imprese strumenti e risorse per aggiornare le proprie competenze e per sviluppare nuove offerte di servizi. Grazie a questa formazione, molti manutentori hanno potuto ampliare il proprio mercato, offrendo interventi di alta qualità e consulenze specialistiche.

Anche in Francia, il programma **"Eco-Artisan"** offre percorsi di formazione specifici per le piccole imprese che operano nel settore delle ristrutturazioni e della manutenzione edilizia. I corsi, organizzati in collaborazione con enti pubblici e privati, permettono di acquisire competenze su temi come l'efficienza energetica, l'utilizzo di materiali ecologici e le tecniche di costruzione sostenibile. I partecipanti al programma ricevono il certificato di "Eco-Artisan", un riconoscimento che attesta la qualità e la sostenibilità del loro lavoro, e che rappresenta un valore aggiunto per i clienti.

Il Ruolo delle Istituzioni e delle Associazioni di Categoria nella Promozione della Formazione Continua

Le istituzioni e le associazioni di categoria possono svolgere un ruolo importante nella promozione della formazione continua, offrendo supporto economico e organizzativo, e facilitando l'accesso ai percorsi formativi. Possono, ad esempio, creare voucher formativi che coprono parte dei costi della formazione, organizzare corsi di aggiornamento e workshop, e mettere a disposizione spazi e attrezzature per la formazione pratica.

In Spagna, il progetto **"Formación Profesional para el Empleo"** offre un sistema integrato di voucher formativi, che permette alle piccole imprese di accedere a corsi di formazione gratuiti o a costi ridotti. I corsi, organizzati da enti accreditati e dalle associazioni di categoria, coprono una vasta gamma di temi, dalle competenze tecniche alle capacità gestionali, offrendo ai partecipanti l'opportunità di sviluppare nuove competenze e di migliorare la qualità del proprio lavoro.

Anche in Italia ci sono esperienze simili. A Firenze, il progetto **"Bottega Scuola"** offre percorsi di formazione duale che combinano teoria e pratica, mettendo in contatto gli apprendisti con le botteghe artigiane e le piccole imprese locali. Il progetto, sostenuto dalla Regione Toscana e dalle associazioni di categoria, offre agli apprendisti la possibilità di imparare un mestiere direttamente sul campo, lavorando a fianco di artigiani e tecnici esperti, e di sviluppare competenze trasversali che facilitano l'inserimento nel mercato del lavoro.

La Formazione Digitale: Un'Opportunità per Innovare e Crescere

Oltre alla formazione tradizionale, la digitalizzazione offre nuove opportunità per accedere a percorsi formativi flessibili e personalizzati, che permettono di aggiornare le proprie competenze senza interrompere l'attività lavorativa. I corsi online, i webinar e le piattaforme di e-learning sono strumenti preziosi per sviluppare nuove competenze, per conoscere le ultime tendenze del mercato e per sperimentare nuove tecniche e tecnologie.

Un esempio interessante è la piattaforma **"Coursera for Business"**, che offre corsi di formazione online su una vasta gamma di temi, dalla gestione aziendale alle competenze tecniche, dalla leadership al marketing digitale. La piattaforma, utilizzata da molte piccole imprese e artigiani, permette di accedere a corsi di alta qualità, organizzati in collaborazione con università e centri di ricerca di tutto il mondo. Grazie a Coursera for Business, molti professionisti hanno potuto aggiornare le proprie competenze e sviluppare nuove opportunità di crescita.

Anche in Italia, la piattaforma **"ITS on Line"** offre corsi di formazione tecnica e professionale organizzati dagli Istituti Tecnici Superiori, una rete di scuole specializzate nella formazione post-diploma. I corsi, disponibili online e in modalità blended, permettono di acquisire competenze avanzate in settori come la meccanica, l'elettronica, l'informatica e la gestione aziendale. Grazie a questa offerta formativa, molti giovani e professionisti hanno potuto sviluppare competenze tecniche e gestionali, facilitando l'ingresso nel mondo del lavoro e la crescita professionale.

L'Importanza del Mentorship: Imparare dai Maestri

Oltre ai corsi di formazione, il mentorship è un'opportunità preziosa per imparare dai maestri e per sviluppare competenze e conoscenze specifiche. Il mentorship non è solo un rapporto di insegnamento, ma uno scambio di esperienze e di idee, che permette di crescere e di sviluppare una mentalità aperta e creativa.

Un esempio significativo viene dal Giappone, dove il programma **"Takumi Next"** offre percorsi di mentorship per i giovani artigiani, mettendoli in contatto con i maestri artigiani (Takumi) riconosciuti per la loro competenza e il loro sapere. Il programma, sostenuto dal Ministero della Cultura e dalle associazioni di categoria, permette ai giovani artigiani di apprendere le tecniche tradizionali direttamente sul campo, lavorando a fianco dei maestri e partecipando a progetti di innovazione e di sviluppo.

Anche in Italia, il progetto **"Maestri del Fare"** offre percorsi di mentorship per gli apprendisti e i giovani professionisti, mettendoli in contatto con maestri artigiani e tecnici esperti. Il progetto, sostenuto dalla Fondazione Cologni e da alcune fondazioni private, offre l'opportunità di imparare un mestiere direttamente sul campo, di sviluppare competenze avanzate e di costruire una rete di contatti e di relazioni che facilita l'inserimento nel mercato del lavoro.

CAPITOLO 7: LA DIGITALIZZAZIONE DELL'ARTIGIANATO E DEI SERVIZI LOCALI

Nel contesto della quarta rivoluzione industriale, la digitalizzazione ha trasformato profondamente il modo in cui produciamo, comunichiamo e consumiamo. Per gli artigiani e le piccole imprese che offrono servizi locali, come idraulici, elettricisti, fabbri e manutentori, la digitalizzazione rappresenta sia una sfida che un'opportunità. Se da un lato richiede un adattamento a nuove tecnologie e modalità operative, dall'altro apre la strada a nuove possibilità di innovazione, efficienza e accesso ai mercati.

La digitalizzazione non riguarda solo l'adozione di nuove tecnologie, ma implica un cambiamento culturale, che coinvolge il modo di pensare e di gestire l'attività professionale. Significa integrare strumenti digitali nella produzione, nella gestione dei processi e nella comunicazione con i clienti, per offrire servizi più efficienti e personalizzati, e per costruire un rapporto di fiducia basato sulla trasparenza e sulla qualità.

La Digitalizzazione dei Processi Produttivi e di Servizio: Un'Aspetto Fondamentale per Innovare

Per gli artigiani e le piccole imprese locali, la digitalizzazione dei processi produttivi e di servizio può migliorare l'efficienza, ridurre i costi e aumentare la qualità del lavoro. Questo significa utilizzare strumenti digitali per la progettazione, la produzione e la gestione dei processi, ma anche per monitorare e migliorare la qualità del servizio offerto.

Un esempio interessante è l'uso della **modellazione 3D** nella produzione artigianale. Molti artigiani, come ceramisti, falegnami e orafi, utilizzano software di modellazione 3D per progettare i propri prodotti e per creare prototipi digitali che possono essere condivisi con i clienti prima della produzione. Questo permette di ridurre i tempi e i costi di produzione, di evitare errori e di offrire un servizio più personalizzato e trasparente.

Anche nel settore dei servizi, la digitalizzazione offre strumenti preziosi per migliorare l'efficienza e la qualità del lavoro. Gli idraulici e gli elettricisti, ad esempio, possono utilizzare applicazioni mobili per la gestione degli interventi, per la diagnosi a distanza e per il monitoraggio degli impianti. Questi strumenti permettono di ottimizzare la pianificazione degli interventi, di ridurre i tempi di attesa e di offrire un servizio più trasparente e affidabile.

In questo contesto, la **manutenzione predittiva** rappresenta un'area di grande potenziale. Utilizzando sensori e tecnologie IoT (Internet of Things), è possibile monitorare in tempo reale lo stato degli impianti e prevedere i guasti prima che si verifichino, riducendo i costi di manutenzione e migliorando la qualità del servizio. Molte piccole imprese hanno già iniziato a sperimentare queste tecnologie, offrendo ai propri clienti un servizio di monitoraggio e manutenzione preventiva che garantisce maggiore sicurezza e affidabilità.

Il Ruolo delle Piattaforme Digitali: Facilitare l'Incontro tra Domanda e Offerta

Le piattaforme digitali rappresentano uno strumento fondamentale per facilitare l'incontro tra artigiani, piccole imprese e clienti, offrendo trasparenza e facilità di accesso ai servizi. Attraverso le piattaforme digitali, i clienti possono richiedere preventivi, prenotare interventi e valutare la qualità del servizio, garantendo maggiore trasparenza e affidabilità.

Un esempio significativo è la piattaforma **"ProntoPro"** in Italia, che mette in contatto professionisti e clienti in modo semplice e trasparente. La piattaforma permette di richiedere preventivi per una vasta gamma di servizi, dalla manutenzione alla ristrutturazione, dalla riparazione di impianti alla pulizia. I professionisti possono creare un profilo, caricare foto dei propri lavori e ricevere recensioni dai clienti, costruendo una reputazione che facilita l'acquisizione di nuovi clienti.

Anche la piattaforma **"Houzz"**, utilizzata in molti paesi, offre un punto di incontro tra professionisti e clienti, con una particolare attenzione all'arredamento e alla ristrutturazione. I professionisti possono creare un portfolio online, condividere progetti e ricevere recensioni, mentre i clienti possono cercare ispirazione, richiedere preventivi e prenotare servizi, creando un ecosistema digitale che facilita l'incontro tra domanda e offerta.

La Comunicazione Digitale: Costruire un Rapporto di Fiducia con i Clienti

La comunicazione digitale offre agli artigiani e alle piccole imprese locali l'opportunità di costruire un rapporto di fiducia con i clienti, raccontando la propria storia, mostrando il processo di lavoro e condividendo le esperienze dei clienti. I social media, i siti web e i blog possono diventare strumenti preziosi per comunicare il valore del proprio lavoro, per mostrare le competenze e la passione che si celano dietro ogni intervento.

Un esempio interessante è quello di **"Manutenzione & Passione"**, un blog gestito da una rete di manutentori italiani che condividono consigli, esperienze e storie legate al mondo della manutenzione e della riparazione. Il blog è diventato un punto di riferimento per chi cerca informazioni e consigli su come prendersi cura della propria casa, e ha permesso ai manutentori coinvolti di costruire un'immagine professionale forte e riconoscibile.

Anche Instagram può diventare uno strumento efficace per promuovere il proprio lavoro. Molti artigiani e tecnici utilizzano Instagram per documentare il proprio lavoro quotidiano, mostrando il processo di creazione e di riparazione, e raccontando la storia dei propri interventi. Questi contenuti, spesso accompagnati da fotografie e video di alta qualità, permettono di costruire un'immagine autentica e coinvolgente, creando un legame emotivo con i clienti.

La Vendita Online: Un'Opportunità per Espandere il Mercato

La vendita online rappresenta un'opportunità straordinaria per gli artigiani e le piccole imprese locali, che possono raggiungere un pubblico più ampio e diversificato, superando i limiti del mercato locale. Le piattaforme di e-commerce, come Etsy e Amazon Handmade, permettono agli artigiani di vendere i propri prodotti in tutto il mondo, mentre le piattaforme di prenotazione e di servizi, come Booking.com e Airbnb, offrono alle piccole imprese di servizi l'opportunità di espandere il proprio mercato e di raggiungere nuovi clienti.

Un esempio significativo è quello di **"Etsy"**, una piattaforma di e-commerce che permette agli artigiani di vendere i propri prodotti in tutto il mondo. Molti artigiani italiani hanno trovato in Etsy una risorsa preziosa per raggiungere nuovi mercati e per far conoscere il proprio lavoro a livello internazionale. La piattaforma offre strumenti di marketing e di gestione, che facilitano l'accesso ai mercati esteri e permettono di costruire un'immagine professionale forte e riconoscibile.

Anche le piattaforme di prenotazione online, come **"Fixer.com"** nel Regno Unito, offrono un'opportunità preziosa per le piccole imprese di servizi, che possono raggiungere un pubblico più ampio e diversificato. Fixer.com mette in contatto idraulici, elettricisti e manutentori con clienti che cercano servizi di alta qualità, garantendo trasparenza e affidabilità. La piattaforma offre anche strumenti di gestione, che facilitano la pianificazione degli interventi e la comunicazione con i clienti.

Le Sfide della Digitalizzazione: Come Superare le Resistenze e le Difficoltà

Nonostante le opportunità offerte dalla digitalizzazione, molti artigiani e piccole imprese locali faticano ad adottare le nuove tecnologie, per mancanza di competenze o per difficoltà economiche. In molti casi, la digitalizzazione è vista come una minaccia, che rischia di snaturare il lavoro artigianale e di compromettere la qualità del servizio.

Per superare queste resistenze, è necessario promuovere una cultura della digitalizzazione, che valorizzi il sapere e l'esperienza degli artigiani e dei tecnici, e che offra strumenti concreti per integrare le nuove tecnologie nel proprio lavoro. Le istituzioni e le associazioni di categoria possono giocare un ruolo importante in questo processo, offrendo supporto economico e organizzativo, e facilitando l'accesso a percorsi formativi e a consulenze specialistiche.

Un esempio significativo è il progetto **"Digitalizzazione Artigiana"** in Veneto, che offre percorsi di formazione e di consulenza per gli artigiani che vogliono integrare le nuove tecnologie nel proprio lavoro. Il progetto, sostenuto dalla Regione Veneto e dalle associazioni di categoria, mette a disposizione degli artigiani strumenti e risorse per sviluppare competenze digitali, per utilizzare software di progettazione e per gestire la comunicazione e la vendita online. Grazie a questo progetto, molti artigiani hanno potuto sviluppare nuove competenze e ampliare il proprio mercato, dimostrando che la digitalizzazione può diventare un'opportunità preziosa per l'artigianato.

Anche in Francia, il programma **"Artisan Connecté"** offre percorsi di formazione e di consulenza per le piccole imprese di servizi, aiutandole a integrare le nuove tecnologie nella gestione degli interventi e nella comunicazione con i clienti. Il programma, sostenuto dal governo e dalle associazioni di categoria, offre corsi online, workshop e consulenze personalizzate, facilitando l'accesso alle competenze e alle risorse necessarie per innovare e crescere.

CAPITOLO 8: MODELLI DI SVILUPPO PER IL FUTURO: PROGETTI OPERATIVI PER LA VALORIZZAZIONE DELL'ARTIGIANATO E DEI SERVIZI LOCALI

Dopo aver esplorato il contesto attuale, le sfide e le opportunità per l'artigianato e le piccole imprese di servizi, è il momento di proporre progetti operativi che possano essere implementati dalle istituzioni locali, dalle associazioni di categoria e dagli artigiani stessi. Questi progetti, che si basano sulle esperienze di successo descritte nei capitoli precedenti, mirano a creare un ecosistema favorevole alla crescita e all'innovazione, valorizzando il patrimonio artigianale e le competenze locali come risorse strategiche per lo sviluppo del territorio.

Ogni progetto proposto in questo capitolo è pensato per essere replicabile e adattabile a diverse realtà territoriali, con l'obiettivo di promuovere una crescita sostenibile e inclusiva, che metta al centro le persone, il territorio e la qualità del lavoro.

Progetto 1: Creazione di Hub di Innovazione Artigianale e Servizi Tecnici

Gli hub di innovazione artigianale sono spazi condivisi dove artigiani, piccole imprese di servizi e creativi possono collaborare, sviluppare nuove competenze e sperimentare progetti innovativi. Questi spazi, che possono essere ospitati in edifici pubblici o in vecchi complessi industriali riqualificati, offrono attrezzature, laboratori e supporto tecnico, facilitando l'incontro tra tradizione e innovazione.

Obiettivi del progetto:

- Creare spazi di lavoro condivisi e accessibili, dove artigiani e tecnici possano accedere a strumenti e attrezzature avanzate.
- Promuovere la collaborazione tra artigiani, imprese di servizi,

designer e creativi, favorendo lo scambio di competenze e l'innovazione.

- Offrire percorsi di formazione e consulenza, per sviluppare competenze tecniche, gestionali e digitali.

Esempio di successo: Il **"FabLab Barcelona"** è uno degli hub di innovazione artigianale più importanti d'Europa. Situato in un vecchio edificio industriale riqualificato, il FabLab offre spazi di lavoro, attrezzature avanzate e un ricco programma di workshop e corsi. Gli artigiani e i creativi che lavorano nel FabLab possono utilizzare stampanti 3D, macchine CNC e tagliatrici laser, sviluppando progetti che combinano tradizione e tecnologia. Il FabLab è diventato un punto di riferimento per la comunità locale e per i giovani creativi, dimostrando che l'artigianato può essere un motore di innovazione e di sviluppo.

Come implementarlo:

1. Identificare edifici pubblici o privati che possano essere riqualificati e trasformati in hub di innovazione.
2. Creare una rete di partner locali, come università, centri di ricerca e associazioni di categoria, che possano offrire supporto tecnico e formativo.
3. Offrire incentivi economici, come agevolazioni fiscali e finanziamenti, per favorire l'adesione degli artigiani e delle piccole imprese.
4. Sviluppare un programma di attività, che includa workshop, corsi di formazione e progetti collaborativi, aperti alla comunità.
5.

Progetto 2: Programma di Formazione Continua per l'Artigianato e i Servizi Tecnici

La formazione continua è fondamentale per garantire la competitività e la crescita degli artigiani e delle piccole imprese locali. Questo progetto mira a creare un sistema integrato di formazione, che combini corsi teorici e pratici, esperienze sul campo e consulenze personalizzate, offrendo agli artigiani e ai tecnici l'opportunità di sviluppare nuove competenze e di aggiornare le proprie conoscenze.

Obiettivi del progetto:

- Offrire percorsi di formazione su temi come la digitalizzazione, la sostenibilità e l'innovazione tecnologica.
- Promuovere la formazione duale, che combina teoria e pratica, facilitando l'apprendimento sul campo.
- Creare un sistema di mentorship, che metta in contatto giovani apprendisti con maestri artigiani e tecnici esperti.
-

Esempio di successo: Il programma **"Artesanías de Chile"** è un'iniziativa che offre percorsi di formazione e supporto tecnico agli artigiani cileni, promuovendo la valorizzazione delle tradizioni locali e l'innovazione. Il programma, sostenuto dal governo e da organizzazioni private, offre corsi di formazione su temi come il marketing digitale, la gestione aziendale e l'uso di tecnologie avanzate. Gli artigiani che partecipano al programma hanno l'opportunità di sviluppare nuove competenze e di accedere a mercati internazionali, contribuendo allo sviluppo economico e culturale del territorio.

Come implementarlo:

1. Creare una rete di centri di formazione e di laboratori, distribuiti sul territorio e accessibili a tutti gli artigiani e tecnici interessati.
2. Offrire voucher formativi e agevolazioni economiche, per facilitare l'accesso ai percorsi formativi.
3. Sviluppare un programma di mentorship, che metta in contatto giovani apprendisti con maestri artigiani e tecnici

esperti.

4. Promuovere la formazione online, attraverso piattaforme di e-learning e webinar, per facilitare l'accesso alla formazione anche a distanza.

Progetto 3: Marketplace Digitale per l'Artigianato e i Servizi Locali

Un marketplace digitale può diventare un punto di incontro tra artigiani, piccole imprese di servizi e clienti, facilitando l'accesso ai prodotti e ai servizi e garantendo trasparenza e qualità. Il marketplace offre agli artigiani e alle piccole imprese un'opportunità per raggiungere un pubblico più ampio, superando i limiti del mercato locale.

Obiettivi del progetto:

- Creare una piattaforma digitale che permetta agli artigiani e alle piccole imprese di vendere i propri prodotti e servizi online.
- Offrire strumenti di marketing e di gestione, per facilitare la vendita e la comunicazione con i clienti.
- Promuovere il marketplace a livello nazionale e internazionale, valorizzando le eccellenze locali e le competenze artigianali.

Esempio di successo: Il marketplace **"Alibabà Artigianato"** in Cina è una piattaforma che permette agli artigiani e ai piccoli produttori di vendere i propri prodotti a livello internazionale. La piattaforma offre strumenti di marketing, di gestione e di logistica, che facilitano l'accesso ai mercati esteri e garantiscono la qualità del servizio. Grazie a questa iniziativa, molti artigiani cinesi hanno potuto sviluppare nuove opportunità di crescita e di sviluppo, contribuendo all'economia locale e alla valorizzazione delle tradizioni culturali.

Come implementarlo:

1. Creare una piattaforma digitale user-friendly, che permetta agli artigiani e alle piccole imprese di creare un profilo e di caricare i propri prodotti e servizi.
2. Offrire strumenti di marketing e di gestione, come la possibilità di creare campagne pubblicitarie e di gestire gli ordini e le spedizioni.
3. Collaborare con enti locali e associazioni di categoria per promuovere il marketplace e per garantire la qualità dei prodotti e dei servizi offerti.
4. Sviluppare un programma di formazione e di supporto, per aiutare gli artigiani e le piccole imprese a utilizzare la piattaforma e a sviluppare competenze digitali.

Progetto 4: Economia Circolare nell'Artigianato e nei Servizi Locali

L'economia circolare offre un'opportunità straordinaria per valorizzare i materiali di scarto e per sviluppare soluzioni sostenibili e innovative. Questo progetto mira a promuovere l'uso di materiali riciclati e sostenibili nell'artigianato e nei servizi locali, creando una rete di collaborazione tra artigiani, tecnici e imprese.

Obiettivi del progetto:

- Promuovere l'uso di materiali riciclati e sostenibili nella produzione artigianale e nei servizi di manutenzione e riparazione.
- Creare una rete di collaboratori e di fornitori, che garantisca l'accesso a materiali riciclati di alta qualità.
- Offrire corsi di formazione e workshop, per sviluppare competenze sull'economia circolare e sulla sostenibilità.

Esempio di successo: Il progetto **"Precious Plastic"**, nato nei Paesi Bassi, offre strumenti e risorse per il riciclo della plastica e la creazione di oggetti di design. Il progetto, basato su una rete di laboratori e di artigiani, utilizza macchinari open-source per trasformare la plastica di scarto in oggetti di alta qualità, dimostrando che l'economia circolare può diventare un'opportunità di crescita e di innovazione per l'artigianato.

Come implementarlo:

1. Creare una rete di fornitori di materiali riciclati, che garantisca l'accesso a risorse di alta qualità per artigiani e tecnici.
2. Offrire corsi di formazione e workshop, per sviluppare competenze sull'economia circolare e sulla sostenibilità.
3. Promuovere la creazione di laboratori condivisi, dove artigiani e tecnici possano sperimentare l'uso di materiali riciclati e sviluppare progetti innovativi.
4. Creare un marchio territoriale che promuova i prodotti e i servizi realizzati con materiali riciclati, garantendo qualità e sostenibilità.

CAPITOLO 9: ESPERIENZE DI SUCCESSO DALL'ESTERO – CASI STUDIO E BUONE PRATICHE

Per costruire un modello di sviluppo sostenibile e inclusivo per l'artigianato e le piccole imprese locali, è utile guardare a ciò che sta accadendo nel resto del mondo. Esistono infatti molte esperienze di successo che possono ispirare e offrire spunti concreti per progetti applicabili anche al contesto italiano. In questo capitolo, esploreremo alcuni casi studio significativi provenienti da diverse parti del mondo, che dimostrano come l'artigianato e i servizi locali possano innovare, crescere e diventare protagonisti di un'economia più sostenibile e resiliente.

1. Il Progetto "Kunstgewerbemuseum" – Germania: Innovazione e Artigianato nell'Industria del Design

In Germania, il progetto "Kunstgewerbemuseum" ha trasformato il tradizionale museo delle arti e dei mestieri di Berlino in un centro di innovazione e sperimentazione per artigiani e designer. Il museo, che conserva una vasta collezione di oggetti di design e artigianato, ha avviato un programma di residenze artistiche che mette in contatto artigiani, artisti e designer da tutto il mondo, creando un laboratorio di idee e di progetti che combinano tradizione e innovazione.

Elementi chiave del progetto:

- **Residenze artistiche e artigianali:** Gli artigiani e i designer selezionati partecipano a programmi di residenza, durante i quali hanno accesso alle collezioni e agli archivi del museo, e possono utilizzare laboratori attrezzati per sviluppare progetti innovativi.

- **Collaborazioni internazionali:** Il progetto promuove la collaborazione tra artigiani e designer di diverse culture e tradizioni, favorendo lo scambio di competenze e l'innovazione.

- **Mostre e eventi:** I progetti sviluppati durante le residenze vengono presentati al pubblico attraverso mostre, workshop e conferenze, creando un dialogo tra il mondo dell'artigianato e quello del design.

Risultati e impatto: Il progetto ha attratto l'attenzione di artigiani e designer da tutto il mondo, contribuendo a valorizzare il patrimonio artigianale e a promuovere l'innovazione nel settore del design. Le mostre e gli eventi organizzati dal museo hanno favorito la creazione di una comunità internazionale di creativi, che collaborano e si confrontano su temi come la sostenibilità, l'innovazione e la tradizione.

Spunti per l'Italia: Questo modello potrebbe essere applicato a musei e istituzioni culturali italiane, creando programmi di residenza e di collaborazione tra artigiani e designer. Il ricco patrimonio artistico e artigianale dell'Italia potrebbe diventare una risorsa preziosa per sviluppare progetti innovativi e per promuovere la creatività e l'innovazione nel settore dell'artigianato.

2. "Craft Forward" – Giappone: Valorizzare le Tradizioni Artigianali con le Nuove Tecnologie

Il Giappone è noto per la sua profonda tradizione artigianale, ma anche per la capacità di innovare e di integrare le tecnologie moderne nel lavoro manuale. Il progetto "Craft Forward" nasce con l'obiettivo di supportare i giovani artigiani che vogliono continuare le tradizioni locali, ma con un approccio innovativo e contemporaneo.

Elementi chiave del progetto:

- **Uso di tecnologie avanzate:** I giovani artigiani vengono formati nell'uso di tecnologie come la stampa 3D, la realtà aumentata e il design generativo, che permettono di esplorare nuove possibilità creative mantenendo un legame con le tecniche tradizionali.

- **Collaborazione tra scuole di artigianato e università tecnologiche:** Il progetto promuove la collaborazione tra istituzioni formative diverse, facilitando lo scambio di conoscenze e la contaminazione tra tradizione e innovazione.
- **Mercati internazionali:** Craft Forward supporta gli artigiani nella creazione di reti commerciali e nella partecipazione a fiere ed eventi internazionali, aiutandoli a portare le loro creazioni sul mercato globale.

Risultati e impatto: Il progetto ha permesso a molti giovani artigiani giapponesi di sviluppare prodotti innovativi, che combinano la tradizione artigianale con un design moderno e funzionale. Grazie a Craft Forward, le creazioni artigianali giapponesi hanno raggiunto mercati internazionali, contribuendo a valorizzare il patrimonio culturale e a promuovere una nuova generazione di artigiani.

Spunti per l'Italia: Anche in Italia ci sono molti giovani artigiani che vogliono innovare e sperimentare, ma spesso mancano delle risorse e delle competenze necessarie per utilizzare le nuove tecnologie. Un progetto simile a Craft Forward potrebbe promuovere la collaborazione tra scuole di artigianato, università tecnologiche e centri di ricerca, offrendo ai giovani artigiani l'opportunità di sviluppare competenze avanzate e di accedere a nuovi mercati.

3. "Fixperts" – Regno Unito: Riparare, Innovare, Educare

Il progetto "Fixperts" nel Regno Unito promuove la cultura della riparazione e della sostenibilità, mettendo in contatto designer, artigiani e studenti con persone e comunità che hanno bisogno di soluzioni innovative per problemi quotidiani. Il progetto nasce con l'idea di dimostrare che le competenze manuali e creative possono avere un impatto positivo sulla vita delle persone e sull'ambiente.

Elementi chiave del progetto:

- **Collaborazione creativa:** Fixperts mette in contatto designer e artigiani con persone che hanno bisogno di soluzioni creative per problemi specifici, come la riparazione di oggetti o la creazione di ausili per persone con disabilità.
- **Documentazione e condivisione:** Ogni progetto viene documentato attraverso video e pubblicato online, creando una risorsa aperta e condivisa che ispira altre persone a sperimentare e a trovare soluzioni creative.
- **Educazione e formazione:** Fixperts collabora con scuole e università, offrendo programmi di educazione e di formazione che promuovono la cultura della riparazione e dell'innovazione.

Risultati e impatto: Il progetto ha avuto un grande impatto sulla comunità, dimostrando che la riparazione e l'innovazione possono migliorare la qualità della vita e contribuire a ridurre i rifiuti. Fixperts ha coinvolto migliaia di persone in tutto il mondo, creando una rete di creativi e di innovatori che collaborano per trovare soluzioni sostenibili e inclusive.

Spunti per l'Italia: In Italia, esistono molte piccole imprese e artigiani specializzati nella riparazione e nella manutenzione, ma spesso queste competenze non vengono valorizzate e integrate in un contesto più ampio di innovazione e sostenibilità. Un progetto simile a Fixperts potrebbe promuovere la collaborazione tra designer, artigiani e comunità locali, valorizzando le competenze tecniche e promuovendo una cultura della riparazione e della sostenibilità.

4. "Bespoke Collective" – Stati Uniti: Artigianato su Misura e Collaborazioni Creative

Negli Stati Uniti, il progetto "Bespoke Collective" riunisce artigiani e designer che lavorano su progetti su misura, offrendo soluzioni personalizzate e creative per clienti privati e aziende. Il progetto nasce con l'obiettivo di valorizzare le competenze artigianali in un contesto di alta qualità e di design, promuovendo la collaborazione tra artigiani e creativi.

Elementi chiave del progetto:

- **Artigianato su misura:** Gli artigiani e i designer che fanno parte del collettivo collaborano per creare progetti unici e personalizzati, che combinano competenze manuali e creative.
- **Collaborazioni con aziende e privati:** Bespoke Collective lavora con aziende e clienti privati, offrendo soluzioni personalizzate che rispondono a esigenze specifiche, come arredi su misura, oggetti di design e installazioni artistiche.
- **Promozione e comunicazione:** Il collettivo promuove il proprio lavoro attraverso mostre, eventi e una forte presenza online, valorizzando le competenze degli artigiani e creando un'immagine di alta qualità e di eccellenza.

Risultati e impatto: Il progetto ha permesso a molti artigiani e designer di accedere a nuovi mercati e di sviluppare collaborazioni creative e innovative. Bespoke Collective è diventato un punto di riferimento per chi cerca soluzioni personalizzate e di alta qualità, dimostrando che l'artigianato su misura può essere un'opportunità di crescita e di sviluppo.

Spunti per l'Italia: Anche in Italia esistono molte botteghe artigiane che offrono soluzioni su misura, ma spesso queste realtà rimangono isolate e faticano a raggiungere un pubblico più ampio. Un progetto simile a Bespoke Collective potrebbe promuovere la collaborazione tra artigiani e designer italiani, valorizzando le competenze artigianali in un contesto di alta qualità e di design, e creando un'immagine forte e riconoscibile.

CAPITOLO 10: PROPOSTE PER LE ISTITUZIONI E LE ASSOCIAZIONI DI CATEGORIA – STRATEGIE E STRUMENTI OPERATIVI

Per garantire il successo e la sostenibilità dell'artigianato e delle piccole imprese di servizi locali, è fondamentale il ruolo delle istituzioni pubbliche e delle associazioni di categoria. Questi attori possono facilitare la creazione di un contesto favorevole, offrendo supporto economico, normativo e organizzativo, e promuovendo iniziative che valorizzino le competenze e le risorse del territorio.

In questo capitolo, verranno proposte strategie e strumenti operativi che le istituzioni e le associazioni di categoria possono adottare per supportare lo sviluppo dell'artigianato e dei servizi locali, con un focus particolare su formazione, innovazione, sostenibilità e internazionalizzazione.

1. Creazione di Distretti Artigianali e delle Imprese di Servizi

I distretti artigianali e delle imprese di servizi sono aree geografiche in cui le attività produttive e i servizi si concentrano, creando sinergie tra imprese, istituzioni e comunità locali. Questi distretti possono diventare motori di sviluppo economico e sociale, facilitando la collaborazione tra le diverse realtà locali e promuovendo la valorizzazione delle competenze e delle risorse del territorio.

Obiettivi della proposta:

- Creare distretti specializzati che valorizzino le eccellenze artigianali e i servizi locali, promuovendo la collaborazione tra imprese e istituzioni.
- Offrire incentivi fiscali e finanziamenti per favorire

l'insediamento di nuove imprese e la crescita delle realtà esistenti.

- Sviluppare infrastrutture e servizi dedicati, come incubatori d'impresa, spazi di co-working e laboratori condivisi.

Strumenti operativi:

1. **Definizione di aree distrettuali:** Identificare le aree geografiche con una forte concentrazione di imprese artigianali e di servizi, e creare un piano di sviluppo distrettuale che valorizzi le competenze e le risorse locali.
2. **Incentivi fiscali e finanziamenti:** Offrire agevolazioni fiscali e finanziamenti dedicati per le imprese che operano all'interno del distretto, facilitando l'accesso al credito e la partecipazione a bandi e progetti di sviluppo.
3. **Infrastrutture e servizi dedicati:** Sviluppare infrastrutture e servizi dedicati, come incubatori d'impresa, laboratori condivisi e spazi di co-working, che facilitino la collaborazione e l'innovazione.
4. **Promozione e marketing territoriale:** Creare un marchio territoriale che promuova le eccellenze del distretto, valorizzando le competenze artigianali e i servizi locali a livello nazionale e internazionale.

2. Programmi di Sostegno all'Innovazione e alla Digitalizzazione

L'innovazione e la digitalizzazione sono fondamentali per garantire la competitività e la crescita delle imprese artigianali e dei servizi locali. Le istituzioni e le associazioni di categoria possono promuovere programmi di sostegno che facilitino l'adozione di nuove tecnologie e lo sviluppo di competenze digitali, offrendo supporto tecnico e finanziario.

Obiettivi della proposta:

- Promuovere l'adozione di tecnologie digitali e di strumenti di gestione avanzata, facilitando l'accesso alle competenze e alle risorse necessarie.
- Offrire programmi di formazione e consulenza dedicati, che supportino le imprese nell'integrazione delle nuove tecnologie e nella digitalizzazione dei processi produttivi e di servizio.
- Creare una rete di supporto che metta in contatto le imprese con centri di ricerca, università e startup tecnologiche, facilitando la collaborazione e l'innovazione.

Strumenti operativi:

1. **Voucher per la digitalizzazione:** Offrire voucher formativi e agevolazioni economiche per l'acquisto di software, hardware e servizi di consulenza che facilitino la digitalizzazione delle imprese.
2. **Programmi di formazione e consulenza:** Sviluppare programmi di formazione e di consulenza dedicati, in collaborazione con università e centri di ricerca, che supportino le imprese nell'adozione delle nuove tecnologie e nello sviluppo di competenze digitali.
3. **Creazione di hub di innovazione digitale:** Sviluppare hub di innovazione digitale che mettano in contatto le imprese artigianali e di servizi con startup tecnologiche, centri di ricerca e università, facilitando la collaborazione e lo scambio di competenze.
4. **Accesso a piattaforme digitali e e-commerce:** Promuovere l'accesso delle imprese a piattaforme digitali e di e-commerce, offrendo supporto tecnico e formativo per sviluppare una presenza online e raggiungere nuovi mercati.

3. Sviluppo di Progetti di Economia Circolare e Sostenibilità

L'economia circolare e la sostenibilità rappresentano una grande opportunità per l'artigianato e i servizi locali, che possono valorizzare i materiali di scarto e sviluppare soluzioni innovative e sostenibili. Le istituzioni e le associazioni di categoria possono promuovere progetti che supportino l'adozione di pratiche sostenibili e la creazione di reti di economia circolare.

Obiettivi della proposta:

- Promuovere l'adozione di pratiche sostenibili e di soluzioni innovative che riducano l'impatto ambientale delle attività produttive e di servizio.
- Sviluppare reti di economia circolare che valorizzino i materiali di scarto e facilitino la collaborazione tra imprese artigianali, tecniche e manifatturiere.
- Offrire incentivi economici e supporto tecnico per favorire l'adozione di soluzioni sostenibili e la partecipazione a progetti di economia circolare.

Strumenti operativi:

1. **Incentivi per la sostenibilità:** Offrire agevolazioni fiscali e finanziamenti per le imprese che adottano pratiche sostenibili e che partecipano a progetti di economia circolare.
2. **Progetti di rete per l'economia circolare:** Creare reti di imprese che collaborano per valorizzare i materiali di scarto e per sviluppare soluzioni innovative e sostenibili.
3. **Piattaforme di scambio e di condivisione:** Sviluppare piattaforme digitali che facilitino lo scambio e la condivisione di materiali e risorse, valorizzando i materiali di scarto e creando opportunità di collaborazione tra imprese.
4. **Programmi di formazione e sensibilizzazione:** Offrire

programmi di formazione e di sensibilizzazione che promuovano la cultura della sostenibilità e dell'economia circolare, sviluppando competenze e sensibilità ambientali.

4. Internazionalizzazione dell'Artigianato e dei Servizi Locali

L'internazionalizzazione è una sfida e un'opportunità per le imprese artigianali e di servizi locali, che possono accedere a nuovi mercati e sviluppare collaborazioni internazionali. Le istituzioni e le associazioni di categoria possono supportare questo processo, offrendo strumenti e risorse che facilitino l'accesso ai mercati esteri e la partecipazione a fiere ed eventi internazionali.

Obiettivi della proposta:

- Supportare le imprese nell'accesso ai mercati esteri, offrendo strumenti e risorse che facilitino la partecipazione a fiere ed eventi internazionali.
- Promuovere la creazione di reti di collaborazione internazionale, che valorizzino le competenze e le risorse locali in un contesto globale.
- Offrire programmi di formazione e consulenza che supportino le imprese nello sviluppo di competenze internazionali e nella costruzione di una rete di contatti e di relazioni.

Strumenti operativi:

1. **Voucher per l'internazionalizzazione:** Offrire voucher formativi e agevolazioni economiche per la partecipazione a fiere ed eventi internazionali, facilitando l'accesso ai mercati esteri.
2. **Programmi di formazione e consulenza internazionale:** Sviluppare programmi di formazione e di consulenza dedicati,

che supportino le imprese nello sviluppo di competenze internazionali e nella costruzione di una rete di contatti e di relazioni.

3. **Creazione di reti di collaborazione internazionale:** Promuovere la creazione di reti di collaborazione internazionale, che valorizzino le competenze e le risorse locali in un contesto globale.

4. **Promozione e marketing internazionale:** Creare campagne di promozione e di marketing che valorizzino le eccellenze artigianali e i servizi locali a livello internazionale, promuovendo l'immagine e la qualità del territorio.

5. Creazione di Fondi per l'Innovazione e lo Sviluppo delle Competenze

L'accesso al credito e ai finanziamenti è una delle principali sfide per le imprese artigianali e di servizi locali, che spesso faticano a ottenere risorse per l'innovazione e lo sviluppo delle competenze. Le istituzioni e le associazioni di categoria possono creare fondi dedicati che facilitino l'accesso a finanziamenti e a risorse per l'innovazione e lo sviluppo delle competenze.

Obiettivi della proposta:

- Creare fondi dedicati che facilitino l'accesso a finanziamenti per l'innovazione e lo sviluppo delle competenze.

- Offrire supporto tecnico e consulenza per facilitare la partecipazione a bandi e progetti di sviluppo, valorizzando le competenze e le risorse locali.

- Promuovere la collaborazione tra imprese, istituzioni e comunità locali, facilitando l'accesso a risorse e a finanziamenti.

Strumenti operativi:

1. **Creazione di fondi dedicati:** Sviluppare fondi dedicati che facilitino l'accesso a finanziamenti per l'innovazione e lo sviluppo delle competenze, in collaborazione con istituzioni locali, banche e fondazioni private.

2. **Supporto tecnico e consulenza:** Offrire supporto tecnico e consulenza per facilitare la partecipazione a bandi e progetti di sviluppo, valorizzando le competenze e le risorse locali.

3. **Promozione e diffusione delle opportunità:** Creare campagne di promozione e di diffusione delle opportunità di finanziamento e di supporto, facilitando l'accesso alle risorse e ai finanziamenti.

4. **Creazione di reti di supporto:** Promuovere la creazione di reti di supporto che facilitino la collaborazione tra imprese, istituzioni e comunità locali, valorizzando le competenze e le risorse del territorio.

CAPITOLO 11: L'IMPORTANZA DELLA COMUNICAZIONE E DEL MARKETING TERRITORIALE – COSTRUIRE UN'IDENTITÀ PER L'ARTIGIANATO E I SERVIZI LOCALI

Per valorizzare il patrimonio artigianale e le competenze delle piccole imprese di servizi, è essenziale sviluppare una strategia di comunicazione e marketing territoriale che promuova l'identità e i valori del territorio. Non si tratta solo di vendere prodotti o servizi, ma di costruire un'immagine forte e coerente che racconti la storia e le tradizioni locali, valorizzando le eccellenze e creando un legame emotivo con il pubblico.

In questo capitolo, esploreremo le strategie e gli strumenti di comunicazione che possono essere utilizzati per promuovere l'artigianato e i servizi locali, con esempi di buone pratiche e suggerimenti operativi per costruire un'identità territoriale forte e riconoscibile.

1. Creazione di un Marchio Territoriale: Valorizzare l'Identità e le Eccellenze Locali

Un marchio territoriale è un segno distintivo che identifica e valorizza le eccellenze di un territorio, promuovendo un'immagine coerente e riconoscibile a livello nazionale e internazionale. Il marchio non rappresenta solo un logo o un nome, ma una promessa di qualità e di autenticità, che racconta la storia e i valori del territorio.

Obiettivi del marchio territoriale:

- Creare un'identità visiva e narrativa che rappresenti il territorio e le sue eccellenze, valorizzando le competenze artigianali e i servizi locali.
- Promuovere la collaborazione tra artigiani, piccole imprese, istituzioni e comunità locali, facilitando la creazione di reti di supporto e di promozione.
- Offrire strumenti di comunicazione e marketing che supportino le imprese nella promozione dei propri prodotti e servizi, facilitando l'accesso ai mercati nazionali e internazionali.

Esempi di successo:

- **"Made in Italy"**: Il marchio Made in Italy è riconosciuto in tutto il mondo come sinonimo di qualità, artigianalità e design. Le istituzioni italiane e le associazioni di categoria promuovono il marchio attraverso campagne di comunicazione e eventi internazionali, valorizzando le eccellenze italiane nei settori dell'artigianato, della moda e dell'arredamento.
- **"Denominazione di Origine Protetta (DOP)"**: Il marchio DOP identifica i prodotti agroalimentari legati a un territorio specifico, garantendo l'autenticità e la qualità. Questo modello potrebbe essere applicato anche all'artigianato e ai servizi locali, creando un marchio che garantisca l'autenticità e la qualità delle produzioni artigianali.

Strumenti operativi:

1. **Creazione di un'identità visiva e narrativa:** Sviluppare un logo, un nome e un'immagine coordinata che rappresentino il territorio e le sue eccellenze, valorizzando le competenze e i valori locali.

2. **Sviluppo di una piattaforma digitale:** Creare un sito web e una piattaforma digitale che promuovano il marchio territoriale, offrendo informazioni sui prodotti e sui servizi, e facilitando l'accesso al mercato.

3. **Campagne di comunicazione e promozione:** Sviluppare campagne di comunicazione e di promozione che valorizzino il marchio territoriale, utilizzando media tradizionali e digitali per raggiungere un pubblico ampio e diversificato.

4. **Partecipazione a fiere ed eventi internazionali:** Promuovere il marchio territoriale attraverso la partecipazione a fiere ed eventi internazionali, creando occasioni di visibilità e di networking per le imprese del territorio.

2. Storytelling e Narrazione del Territorio: Raccontare l'Artigianato e i Servizi Locali

Lo storytelling è uno strumento potente per comunicare i valori e l'identità di un territorio, creando un legame emotivo con il pubblico. Raccontare la storia degli artigiani, delle piccole imprese e delle comunità locali significa valorizzare il patrimonio culturale e umano del territorio, offrendo un'esperienza autentica e coinvolgente.

Obiettivi dello storytelling territoriale:

- Raccontare la storia e le tradizioni del territorio, valorizzando le competenze artigianali e i servizi locali come espressione di una cultura e di una identità.

- Creare un legame emotivo con il pubblico, offrendo un'esperienza autentica e coinvolgente che valorizzi le persone e i luoghi del territorio.

- Promuovere l'immagine del territorio come destinazione di qualità, valorizzando il patrimonio culturale e naturale e creando un'offerta turistica integrata.

Esempi di successo:

- **"La Via degli Artigiani" in Toscana**: Un progetto che racconta la storia delle botteghe artigiane della regione, attraverso video, interviste e percorsi tematici che offrono ai visitatori un'esperienza autentica e coinvolgente. Il progetto ha contribuito a valorizzare l'artigianato locale e a promuovere il turismo culturale e sostenibile.

- **"La Rete dei Borghi Autentici"**: Un'iniziativa che valorizza i borghi italiani attraverso la narrazione delle tradizioni, delle storie e delle persone che li abitano. La rete promuove un turismo sostenibile e di qualità, che valorizza il patrimonio culturale e umano del territorio.

Strumenti operativi:

1. **Sviluppo di contenuti narrativi:** Creare contenuti narrativi che raccontino la storia degli artigiani e delle piccole imprese locali, attraverso video, interviste e racconti che valorizzino le persone e i luoghi del territorio.

2. **Creazione di percorsi tematici:** Sviluppare percorsi tematici che guidino i visitatori alla scoperta delle eccellenze artigianali e dei servizi locali, offrendo un'esperienza autentica e coinvolgente.

3. **Coinvolgimento delle comunità locali:** Coinvolgere le comunità locali nella creazione dei contenuti narrativi, valorizzando il sapere e l'esperienza degli abitanti del territorio.

4. **Promozione attraverso media tradizionali e digitali:** Utilizzare media tradizionali e digitali per promuovere i contenuti narrativi, creando un legame emotivo con il pubblico e valorizzando l'immagine del territorio.

3. Utilizzo dei Social Media e del Web Marketing: Creare una Comunità Online

I social media e il web marketing offrono agli artigiani e alle piccole imprese locali l'opportunità di creare una comunità online, valorizzando le proprie competenze e promuovendo i propri prodotti e servizi a un pubblico più ampio. Utilizzare questi strumenti in modo efficace significa sviluppare una strategia di comunicazione che valorizzi l'identità e i valori del territorio, creando un legame diretto e personale con il pubblico.

Obiettivi del web marketing territoriale:

- Creare una comunità online che valorizzi le eccellenze artigianali e i servizi locali, promuovendo la partecipazione e il coinvolgimento del pubblico.
- Utilizzare i social media per raccontare la storia degli artigiani e delle piccole imprese, valorizzando le persone e i luoghi del territorio.
- Promuovere l'offerta turistica e commerciale del territorio, utilizzando strumenti di web marketing e di e-commerce per facilitare l'accesso ai prodotti e ai servizi locali.

Esempi di successo:

- **"Visit Tuscany"**: La pagina Instagram di Visit Tuscany è un esempio di come i social media possano essere utilizzati per promuovere l'immagine di un territorio, valorizzando le eccellenze culturali, naturali e gastronomiche della Toscana. La pagina racconta la storia della regione attraverso immagini, video e racconti che coinvolgono il pubblico e creano un legame emotivo con il territorio.
- **"Etsy"**: La piattaforma di e-commerce Etsy è un esempio di come il web marketing possa essere utilizzato per valorizzare l'artigianato locale e per creare una comunità di appassionati e di creativi. Molti artigiani italiani utilizzano Etsy per promuovere i propri prodotti e per raccontare la propria storia, raggiungendo un pubblico internazionale e valorizzando la qualità e l'autenticità delle produzioni locali.

Strumenti operativi:

1. **Sviluppo di una strategia di social media marketing:** Creare una strategia di social media marketing che valorizzi le eccellenze artigianali e i servizi locali, utilizzando piattaforme come Instagram, Facebook e YouTube per raccontare la storia del territorio e coinvolgere il pubblico.

2. **Creazione di contenuti visivi e narrativi:** Sviluppare contenuti visivi e narrativi che raccontino la storia degli artigiani e delle piccole imprese locali, utilizzando immagini, video e racconti che valorizzino le persone e i luoghi del territorio.

3. **Promozione di eventi e iniziative:** Utilizzare i social media e il web marketing per promuovere eventi e iniziative che valorizzino l'artigianato e i servizi locali, creando occasioni di visibilità e di partecipazione per le imprese del territorio.

4. **Sviluppo di un e-commerce territoriale:** Creare una piattaforma di e-commerce che promuova i prodotti e i servizi locali, facilitando l'accesso ai mercati nazionali e internazionali e valorizzando l'immagine del territorio.

4. Creazione di Eventi e Manifestazioni: Valorizzare l'Artigianato e i Servizi Locali attraverso il Turismo Esperienziale

Gli eventi e le manifestazioni sono un'opportunità preziosa per valorizzare l'artigianato e i servizi locali, creando occasioni di incontro e di scambio tra imprese e pubblico. Il turismo esperienziale, che offre ai visitatori l'opportunità di vivere un'esperienza autentica e coinvolgente, può diventare un motore di sviluppo per il territorio, valorizzando le competenze artigianali e i servizi locali come parte integrante dell'offerta turistica.

Obiettivi degli eventi territoriali:

- Creare eventi e manifestazioni che valorizzino l'artigianato e i servizi locali, offrendo ai visitatori un'esperienza autentica e coinvolgente.
- Promuovere la collaborazione tra artigiani, piccole imprese, istituzioni e comunità locali, creando una rete di supporto e di promozione.
- Valorizzare il territorio come destinazione di qualità, promuovendo un turismo sostenibile e integrato che valorizzi le eccellenze locali e il patrimonio culturale e naturale.

Esempi di successo:

- **"Artigianato e Palazzo" a Firenze**: Un evento che valorizza l'artigianato fiorentino e italiano attraverso mostre, workshop e dimostrazioni dal vivo. L'evento, ospitato nei giardini di Palazzo Corsini, offre ai visitatori l'opportunità di incontrare gli artigiani e di scoprire le tecniche e i segreti delle botteghe artigiane fiorentine.
- **"L'Artigiano in Fiera" a Milano**: Una delle fiere più importanti per l'artigianato italiano e internazionale, che offre ai visitatori l'opportunità di scoprire le eccellenze artigianali di tutto il mondo. La fiera attira ogni anno migliaia di visitatori e offre agli artigiani un'occasione unica di visibilità e di promozione.

Strumenti operativi:

1. **Organizzazione di eventi tematici:** Creare eventi e manifestazioni che valorizzino l'artigianato e i servizi locali, offrendo ai visitatori un'esperienza autentica e coinvolgente.
2. **Coinvolgimento delle comunità locali:** Coinvolgere le comunità locali nella creazione degli eventi, valorizzando il sapere e l'esperienza degli abitanti del territorio.
3. **Promozione degli eventi attraverso media tradizionali e digitali:** Utilizzare media tradizionali e digitali per

promuovere gli eventi e per valorizzare l'immagine del territorio, creando un legame emotivo con il pubblico.

4. **Sviluppo di percorsi tematici e itinerari turistici:** Creare percorsi tematici e itinerari turistici che guidino i visitatori alla scoperta delle eccellenze artigianali e dei servizi locali, valorizzando il patrimonio culturale e naturale del territorio.

CAPITOLO 12: PROGETTI PILOTA PER LA VALORIZZAZIONE DELL'ARTIGIANATO E DEI SERVIZI LOCALI – ESEMPI OPERATIVI PER UN'APPLICAZIONE IMMEDIATA

Dopo aver analizzato le strategie e gli strumenti per promuovere l'artigianato e i servizi locali, è giunto il momento di presentare alcuni progetti pilota che possono essere adottati dalle amministrazioni locali, dalle associazioni di categoria e dalle comunità. Questi progetti sono pensati per essere immediatamente applicabili, con un impatto concreto e misurabile sul territorio, e rappresentano un punto di partenza per la costruzione di un modello di sviluppo sostenibile e inclusivo.

Ogni progetto è descritto nei dettagli, con obiettivi, risorse necessarie, fasi di implementazione e modalità di valutazione dei risultati. L'obiettivo è fornire una guida pratica e operativa che possa essere utilizzata come base per la creazione di iniziative locali, adattabili a diverse realtà territoriali e settori produttivi.

Progetto Pilota 1: "La Bottega Digitale" – Spazi di Innovazione per l'Artigianato e i Servizi Locali

"La Bottega Digitale" è un progetto che mira a creare spazi di innovazione condivisi dove artigiani e piccole imprese locali possano sperimentare nuove tecnologie, sviluppare competenze digitali e collaborare per creare prodotti e servizi innovativi. Questi spazi, ospitati in edifici pubblici o privati riqualificati, offrono attrezzature avanzate, formazione e supporto tecnico, facilitando la trasformazione digitale e l'innovazione.

Obiettivi del progetto:

- Creare spazi di lavoro condivisi e accessibili, dove artigiani e piccole imprese possano accedere a strumenti e attrezzature avanzate per sviluppare progetti innovativi.
- Offrire percorsi di formazione e consulenza su temi come la digitalizzazione, l'e-commerce, il design generativo e la prototipazione rapida.
- Promuovere la collaborazione tra artigiani, tecnici, designer e creativi, facilitando lo scambio di competenze e l'innovazione.

Risorse necessarie:

- Un edificio o uno spazio da riqualificare, che possa ospitare laboratori, aule di formazione e spazi di co-working.
- Attrezzature avanzate, come stampanti 3D, macchine CNC, tagliatrici laser e software di progettazione.
- Personale qualificato per la gestione dello spazio e per l'erogazione dei corsi di formazione e delle consulenze.

Fasi di implementazione:

1. **Identificazione e riqualificazione dello spazio:** Identificare un edificio o uno spazio da riqualificare, in collaborazione con le istituzioni locali e i proprietari privati.
2. **Allestimento dei laboratori e delle aule:** Acquistare le attrezzature necessarie e allestire i laboratori e le aule di formazione, garantendo l'accessibilità e la sicurezza dello spazio.
3. **Sviluppo di un programma di attività:** Creare un calendario di corsi di formazione, workshop e progetti collaborativi, in collaborazione con università, centri di ricerca e associazioni di categoria.
4. **Promozione e coinvolgimento del territorio:** Promuovere il progetto attraverso media tradizionali e digitali,

coinvolgendo le imprese e le comunità locali nella creazione e nella gestione dello spazio.

Modalità di valutazione dei risultati:

- Numero di partecipanti ai corsi e ai workshop.
- Numero di progetti sviluppati all'interno della Bottega Digitale.
- Numero di collaborazioni e di sinergie create tra le imprese e i professionisti coinvolti.

Progetto Pilota 2: "Mercato delle Competenze" – Piattaforma per la Valorizzazione del Sapere Locale

Il "Mercato delle Competenze" è una piattaforma digitale che mette in contatto artigiani, tecnici e professionisti con chi cerca competenze e servizi specializzati. La piattaforma permette di trovare artigiani e tecnici qualificati, di richiedere preventivi e di valutare la qualità del servizio offerto, facilitando l'incontro tra domanda e offerta e valorizzando il sapere e l'esperienza locale.

Obiettivi del progetto:

- Creare una piattaforma digitale che valorizzi le competenze e i servizi locali, facilitando l'incontro tra domanda e offerta.
- Offrire strumenti di marketing e di gestione che supportino le piccole imprese e i professionisti nella promozione dei propri servizi e nella gestione dei rapporti con i clienti.
- Promuovere la qualità e la trasparenza del servizio, valorizzando l'esperienza e il sapere degli artigiani e dei tecnici locali.

Risorse necessarie:

- Una piattaforma digitale user-friendly, che permetta agli artigiani e ai tecnici di creare un profilo, di caricare i propri servizi e di gestire le richieste dei clienti.
- Un team di sviluppatori e di esperti di marketing digitale per la creazione e la gestione della piattaforma.
- Un sistema di supporto e di assistenza per gli utenti, che garantisca la qualità e l'affidabilità del servizio.

Fasi di implementazione:

1. **Progettazione e sviluppo della piattaforma:** Sviluppare la piattaforma digitale, in collaborazione con un team di sviluppatori e di esperti di marketing, garantendo l'accessibilità e l'usabilità del servizio.
2. **Coinvolgimento degli artigiani e dei tecnici locali:** Promuovere la piattaforma presso le imprese e i professionisti locali, offrendo supporto e assistenza per la creazione dei profili e la gestione dei servizi.
3. **Lancio della piattaforma e promozione:** Lanciare la piattaforma attraverso una campagna di comunicazione, utilizzando media tradizionali e digitali per raggiungere un pubblico ampio e diversificato.
4. **Monitoraggio e miglioramento del servizio:** Monitorare l'utilizzo della piattaforma e raccogliere feedback dagli utenti, implementando miglioramenti e aggiornamenti che garantiscano la qualità e l'affidabilità del servizio.

Modalità di valutazione dei risultati:

- Numero di artigiani e di tecnici iscritti alla piattaforma.
- Numero di richieste di servizi e di preventivi effettuate attraverso la piattaforma.
- Livello di soddisfazione degli utenti e feedback ricevuti.

Progetto Pilota 3: "La Scuola delle Arti e dei Mestieri" – Formazione Duale per l'Artigianato e i Servizi Locali

"La Scuola delle Arti e dei Mestieri" è un progetto che mira a creare un sistema di formazione duale, che combina teoria e pratica, mettendo in contatto gli apprendisti con artigiani e tecnici esperti. La scuola offre percorsi formativi personalizzati, che permettono di sviluppare competenze tecniche e trasversali, facilitando l'ingresso nel mondo del lavoro e la trasmissione del sapere artigianale e tecnico.

Obiettivi del progetto:

- Offrire percorsi formativi personalizzati che combinano teoria e pratica, sviluppando competenze tecniche e trasversali.
- Promuovere la formazione duale, facilitando l'apprendimento sul campo e la trasmissione del sapere artigianale e tecnico.
- Creare una rete di collaborazioni tra scuole, imprese e istituzioni, che valorizzi il sapere e l'esperienza degli artigiani e dei tecnici locali.

Risorse necessarie:

- Una struttura scolastica attrezzata con laboratori e aule di formazione, che garantisca l'accessibilità e la sicurezza degli studenti.
- Un corpo docente qualificato, composto da artigiani, tecnici ed esperti del settore.
- Un sistema di supporto e di orientamento che faciliti l'ingresso degli studenti nel mondo del lavoro e la creazione di percorsi personalizzati.

Fasi di implementazione:

1. **Creazione di partenariati e collaborazioni:** Creare una rete di partenariati tra scuole, imprese e istituzioni, facilitando la collaborazione e lo scambio di competenze.
2. **Sviluppo del programma formativo:** Sviluppare un programma formativo che combini teoria e pratica, offrendo percorsi personalizzati in base alle competenze e agli interessi degli studenti.
3. **Allestimento dei laboratori e delle aule:** Attrezzare i laboratori e le aule di formazione con strumenti e attrezzature adeguate, garantendo l'accessibilità e la sicurezza degli spazi.
4. **Promozione e selezione degli studenti:** Promuovere il progetto attraverso media tradizionali e digitali, selezionando gli studenti in base alle loro competenze e agli interessi.

Modalità di valutazione dei risultati:

- Numero di studenti iscritti e completamento dei percorsi formativi.
- Numero di collaborazioni create tra scuole, imprese e istituzioni.
- Inserimento lavorativo degli studenti e valutazione della qualità del percorso formativo.

Progetto Pilota 4: "Festival dell'Artigianato e dei Mestieri" – Un Evento per Valorizzare le Competenze e le Tradizioni Locali

Il "Festival dell'Artigianato e dei Mestieri" è un evento che celebra le competenze e le tradizioni artigianali del territorio, offrendo ai visitatori l'opportunità di scoprire le botteghe artigiane, di partecipare a workshop e dimostrazioni dal vivo, e di acquistare prodotti unici e di alta qualità. Il festival promuove la collaborazione tra artigiani e comunità locali, valorizzando il patrimonio culturale e umano del territorio.

Obiettivi del progetto:

- Creare un evento che valorizzi le competenze e le tradizioni artigianali del territorio, offrendo ai visitatori un'esperienza autentica e coinvolgente.
- Promuovere la collaborazione tra artigiani e comunità locali, facilitando la creazione di reti di supporto e di promozione.
- Offrire un'opportunità di visibilità e di promozione per le botteghe artigiane e per le piccole imprese locali, valorizzando l'immagine e la qualità del territorio.

Risorse necessarie:

- Un'area espositiva all'aperto o al chiuso, che possa ospitare stand, laboratori e spazi per le dimostrazioni dal vivo.
- Un programma di attività che includa workshop, dimostrazioni e percorsi tematici, coinvolgendo artigiani e tecnici locali.
- Un sistema di promozione e di comunicazione che valorizzi l'evento e che coinvolga il pubblico e le comunità locali.

Fasi di implementazione:

1. **Organizzazione dell'evento e selezione degli espositori:** Definire la data e la location dell'evento, selezionare gli espositori e sviluppare un programma di attività che valorizzi le competenze e le tradizioni artigianali del territorio.
2. **Allestimento degli spazi e delle aree espositive:** Attrezzare gli spazi espositivi e le aree dedicate ai workshop e alle dimostrazioni dal vivo, garantendo la sicurezza e l'accessibilità dell'evento.
3. **Promozione e coinvolgimento delle comunità locali:** Promuovere l'evento attraverso media tradizionali e digitali, coinvolgendo le comunità locali nella creazione e nella gestione del festival.

4. **Gestione e valutazione dell'evento:** Gestire l'evento garantendo la qualità e la sicurezza delle attività, raccogliere feedback dai visitatori e dagli espositori, e valutare l'impatto dell'evento sul territorio.

Modalità di valutazione dei risultati:

- Numero di visitatori e partecipanti alle attività del festival.
- Numero di espositori e di collaborazioni create tra artigiani e comunità locali.
- Feedback dei visitatori e degli espositori e valutazione della qualità dell'evento.

CAPITOLO 13: MONITORAGGIO E VALUTAZIONE DEI PROGETTI – MISURARE IL SUCCESSO E IMPARARE DALLE ESPERIENZE

L'implementazione di progetti operativi per la valorizzazione dell'artigianato e dei servizi locali richiede un sistema di monitoraggio e valutazione che consenta di misurare i risultati, di identificare le criticità e di apportare eventuali correttivi. La valutazione non è solo uno strumento di controllo, ma un'opportunità per imparare dalle esperienze, per condividere le buone pratiche e per migliorare continuamente le strategie e gli interventi.

In questo capitolo, verranno presentati strumenti e metodologie per il monitoraggio e la valutazione dei progetti, con l'obiettivo di garantire la trasparenza, l'efficacia e la sostenibilità delle iniziative. Verranno inoltre proposti alcuni indicatori di successo che possono essere utilizzati per misurare l'impatto dei progetti sul territorio e per valutare il contributo alla crescita e allo sviluppo delle imprese artigianali e dei servizi locali.

1. Definizione degli Obiettivi e degli Indicatori di Successo

Il primo passo per una valutazione efficace è la definizione chiara degli obiettivi del progetto e degli indicatori di successo che permettano di misurare il raggiungimento di questi obiettivi. Gli indicatori devono essere specifici, misurabili, realistici e legati al tempo (SMART) e devono riflettere sia i risultati immediati che l'impatto a lungo termine del progetto.

Obiettivi di valutazione:

- Misurare il raggiungimento degli obiettivi specifici del progetto, come il numero di partecipanti ai corsi di formazione o il numero di prodotti venduti attraverso una piattaforma di e-commerce.

- Valutare l'impatto del progetto sul territorio, in termini di crescita economica, sviluppo delle competenze e creazione di reti di collaborazione.
- Identificare le buone pratiche e le criticità, per migliorare le strategie e gli interventi futuri.

Esempi di indicatori di successo:

- **Partecipazione:** Numero di partecipanti ai corsi di formazione, ai workshop e agli eventi.
- **Collaborazioni:** Numero di collaborazioni create tra imprese, istituzioni e comunità locali.
- **Impatto economico:** Incremento del fatturato delle imprese coinvolte, numero di nuove imprese create e numero di posti di lavoro generati.
- **Sostenibilità:** Riduzione dei rifiuti e utilizzo di materiali riciclati nelle produzioni artigianali, numero di imprese che adottano pratiche sostenibili.
- **Visibilità e promozione:** Numero di visite al sito web o alla piattaforma digitale, numero di visualizzazioni e interazioni sui social media, partecipazione a fiere ed eventi internazionali.

2. Metodologie di Monitoraggio e Valutazione

Per monitorare e valutare l'efficacia dei progetti, è possibile utilizzare diverse metodologie, che combinano strumenti quantitativi e qualitativi per raccogliere dati e informazioni sui risultati e sull'impatto degli interventi. La scelta della metodologia dipende dagli obiettivi del progetto, dalle risorse disponibili e dal contesto specifico in cui si opera.

Metodologie di monitoraggio e valutazione:

- **Analisi quantitativa:** Raccolta e analisi di dati quantitativi, come il numero di partecipanti, il fatturato generato o il numero di prodotti venduti. Questa metodologia permette di misurare i risultati in modo oggettivo e di confrontare i dati nel tempo.
- **Analisi qualitativa:** Raccolta di dati qualitativi attraverso interviste, focus group e questionari, che permettono di valutare la percezione dei partecipanti e di identificare le buone pratiche e le criticità. Questa metodologia è utile per comprendere il contesto e per valutare l'impatto sociale e culturale del progetto.
- **Studi di caso:** Analisi approfondita di casi specifici, che permettono di valutare l'impatto del progetto su singole imprese o comunità e di identificare le lezioni apprese. Gli studi di caso possono essere utilizzati per condividere le buone pratiche e per promuovere il progetto a livello locale e internazionale.
- **Valutazione partecipativa:** Coinvolgimento diretto dei partecipanti nel processo di valutazione, attraverso focus group, interviste e workshop di riflessione. Questa metodologia permette di raccogliere feedback e di promuovere un approccio collaborativo e inclusivo alla valutazione.

3. Creazione di un Sistema di Monitoraggio Continuo

Un sistema di monitoraggio continuo consente di raccogliere dati e informazioni in modo sistematico e costante, facilitando la valutazione dell'andamento del progetto e l'identificazione tempestiva delle criticità. Il sistema deve essere semplice, accessibile e trasparente, e deve coinvolgere tutti gli attori del progetto, garantendo la partecipazione e la condivisione delle informazioni.

Elementi di un sistema di monitoraggio continuo:

- **Piattaforma di monitoraggio:** Creare una piattaforma digitale che permetta di raccogliere e condividere dati e informazioni sul progetto, facilitando la comunicazione e la collaborazione tra i diversi attori coinvolti.

- **Indicatori di monitoraggio:** Definire indicatori specifici per il monitoraggio continuo, che permettano di valutare l'andamento del progetto in tempo reale e di identificare eventuali criticità.

- **Rapporti periodici:** Elaborare rapporti periodici che sintetizzino i dati raccolti e che offrano una panoramica chiara e completa dell'andamento del progetto. I rapporti devono essere condivisi con tutti gli attori coinvolti, promuovendo la trasparenza e la partecipazione.

- **Incontri di revisione:** Organizzare incontri periodici di revisione, che coinvolgano i responsabili del progetto, i partecipanti e i partner, per valutare i risultati e per discutere eventuali modifiche e miglioramenti.

4. Condivisione delle Buone Pratiche e Comunicazione dei Risultati

La condivisione delle buone pratiche e la comunicazione dei risultati sono fondamentali per promuovere il progetto e per valorizzare l'esperienza acquisita. Comunicare i risultati in modo chiaro e trasparente permette di coinvolgere un pubblico più ampio, di attirare l'attenzione dei media e delle istituzioni, e di promuovere la replicabilità del progetto in altri contesti.

Strumenti di comunicazione:

- **Rapporti di valutazione:** Elaborare rapporti di valutazione che sintetizzino i risultati del progetto, valorizzando le buone pratiche e identificando le lezioni apprese. I rapporti devono essere accessibili e comprensibili, e devono essere condivisi con tutti gli attori coinvolti.

- **Conferenze e workshop:** Organizzare conferenze e workshop che promuovano il progetto e che permettano di condividere le buone pratiche con un pubblico più ampio. Gli eventi devono coinvolgere i partecipanti, i partner e le istituzioni, promuovendo il dialogo e la collaborazione.

- **Pubblicazioni e articoli:** Pubblicare articoli e studi sui risultati del progetto, valorizzando l'esperienza acquisita e promuovendo la replicabilità dell'iniziativa. Le pubblicazioni devono essere accessibili e devono essere promosse attraverso media tradizionali e digitali.

- **Comunicazione sui social media:** Utilizzare i social media per comunicare i risultati del progetto, valorizzando le buone pratiche e promuovendo la partecipazione e il coinvolgimento del pubblico. La comunicazione deve essere chiara e coinvolgente, e deve utilizzare immagini e video che valorizzino l'esperienza dei partecipanti.

5. Adattamento e Miglioramento Continuo – Imparare dalle Esperienze

Il monitoraggio e la valutazione devono essere utilizzati non solo per misurare i risultati, ma anche per imparare dalle esperienze e per migliorare continuamente le strategie e gli interventi. Il progetto deve essere flessibile e adattabile, capace di rispondere alle esigenze e alle criticità che emergono durante l'implementazione, e deve promuovere una cultura del miglioramento continuo e dell'innovazione.

Elementi per il miglioramento continuo:

- **Raccolta e analisi dei feedback:** Raccogliere e analizzare i feedback dei partecipanti e dei partner, identificando le aree di miglioramento e le opportunità di innovazione. I feedback devono essere raccolti in modo sistematico e devono essere utilizzati per migliorare le strategie e gli interventi.

- **Sperimentazione e innovazione:** Promuovere la sperimentazione e l'innovazione, utilizzando i risultati della valutazione per sviluppare nuove idee e per sperimentare soluzioni innovative. La sperimentazione deve essere promossa in un contesto di collaborazione e di condivisione, che valorizzi il contributo di tutti gli attori coinvolti.

- **Adattamento delle strategie:** Adattare le strategie e gli interventi in base ai risultati della valutazione, promuovendo un approccio flessibile e adattabile che risponda alle esigenze e alle criticità del contesto. L'adattamento deve essere basato su dati e informazioni oggettive, e deve coinvolgere tutti gli attori del progetto.

- **Valorizzazione delle buone pratiche:** Valorizzare le buone pratiche e le esperienze di successo, promuovendo la loro replicabilità e diffusione in altri contesti. Le buone pratiche devono essere documentate e comunicate in modo chiaro e trasparente, promuovendo un approccio collaborativo e inclusivo alla condivisione del sapere.

Conclusioni: Un Modello di Valutazione per un Sviluppo Sostenibile e Inclusivo

Il monitoraggio e la valutazione sono strumenti fondamentali per garantire la trasparenza, l'efficacia e la sostenibilità dei progetti operativi per la valorizzazione dell'artigianato e dei servizi locali. Ma per realizzare un modello di valutazione efficace, è necessario un impegno collettivo, che coinvolga le istituzioni, le associazioni di categoria, le imprese e le comunità locali.

Le istituzioni devono promuovere la trasparenza e la partecipazione, offrendo strumenti e risorse che facilitino il monitoraggio e la valutazione. Le associazioni di categoria devono promuovere la condivisione delle buone pratiche e il miglioramento continuo, valorizzando il sapere e l'esperienza degli artigiani e dei tecnici. Gli artigiani e le piccole imprese locali devono essere disposti a mettersi in gioco, a condividere le proprie esperienze e a partecipare attivamente alla valutazione, per costruire un modello di sviluppo sostenibile e inclusivo.

Solo così sarà possibile costruire un modello di valutazione che valorizzi il patrimonio artigianale e le competenze locali, e che offra un futuro di qualità e di opportunità per tutti.

CAPITOLO 14: STRATEGIE DI INTERNAZIONALIZZAZIONE PER L'ARTIGIANATO E I SERVIZI LOCALI – ESPANDERE L'ORIZZONTE DEL TERRITORIO

L'internazionalizzazione rappresenta una grande opportunità per l'artigianato e le piccole imprese di servizi locali. Espandere i confini del mercato e raggiungere un pubblico internazionale non significa solo aumentare le vendite, ma anche valorizzare il patrimonio culturale e artigianale del territorio, promuovendo l'eccellenza locale su scala globale. Tuttavia, per molte piccole realtà, l'accesso ai mercati esteri può sembrare un'impresa difficile e costosa.

In questo capitolo, esploreremo le strategie e gli strumenti che possono facilitare il processo di internazionalizzazione per le piccole imprese artigianali e di servizi locali, con esempi concreti e proposte operative per superare le barriere e cogliere le opportunità offerte dai mercati globali. Verranno inoltre presentati alcuni strumenti di supporto che le istituzioni e le associazioni di categoria possono offrire per accompagnare le imprese in questo percorso.

1. Creazione di Reti di Collaborazione Internazionale

Le reti di collaborazione internazionale sono uno strumento prezioso per facilitare l'accesso ai mercati esteri e per promuovere lo scambio di competenze e di esperienze. Queste reti possono essere costituite da associazioni di categoria, istituzioni pubbliche, università e centri di ricerca, che collaborano per sviluppare progetti comuni e per facilitare l'incontro tra domanda e offerta a livello internazionale.

Obiettivi delle reti di collaborazione internazionale:

- Creare una rete di partner che supporti le imprese nell'accesso ai mercati esteri, offrendo supporto tecnico e commerciale.
- Promuovere la partecipazione a fiere ed eventi internazionali, facilitando la visibilità e la promozione delle eccellenze locali.
- Sviluppare progetti comuni di ricerca e innovazione, che valorizzino le competenze e le risorse del territorio in un contesto globale.

Esempi di successo:

- **"European Creative Hubs Network" (ECHN):** Una rete europea che riunisce centri di innovazione e spazi creativi, facilitando la collaborazione tra imprese artigianali, designer e artisti. La rete promuove progetti di collaborazione e di scambio, offrendo opportunità di visibilità e di crescita a livello internazionale.
- **"Enterprise Europe Network" (EEN):** Una rete europea che supporta le piccole e medie imprese nell'accesso ai mercati esteri, offrendo consulenza e supporto tecnico. La rete organizza incontri B2B, eventi di matchmaking e missioni commerciali, facilitando l'incontro tra domanda e offerta a livello internazionale.

Strumenti operativi:

1. **Mappatura delle reti e dei partner internazionali:** Identificare le reti e i partner internazionali che operano nel settore dell'artigianato e dei servizi, creando una mappa delle opportunità di collaborazione e di supporto.
2. **Adesione e partecipazione attiva:** Favorire l'adesione delle imprese e delle associazioni locali alle reti internazionali, promuovendo la partecipazione a eventi, progetti e iniziative comuni.

3. **Sviluppo di progetti comuni:** Sviluppare progetti comuni con i partner internazionali, valorizzando le competenze e le risorse locali in un contesto globale.

4. **Promozione e visibilità:** Utilizzare le reti internazionali per promuovere l'immagine del territorio e delle imprese locali, valorizzando le eccellenze e le competenze artigianali e tecniche.

2. Partecipazione a Fiere ed Eventi Internazionali

Le fiere e gli eventi internazionali rappresentano un'occasione unica per promuovere l'artigianato e i servizi locali, per incontrare nuovi clienti e partner e per scoprire le ultime tendenze del mercato. Tuttavia, per molte piccole imprese, la partecipazione a questi eventi può essere difficile e costosa.

Obiettivi della partecipazione a fiere ed eventi internazionali:

- Promuovere i prodotti e i servizi locali su scala internazionale, aumentando la visibilità e le opportunità di vendita.
- Creare contatti e relazioni con clienti, partner e distributori, facilitando l'accesso ai mercati esteri.
- Scoprire le ultime tendenze del mercato e le innovazioni tecnologiche, favorendo l'aggiornamento e la crescita delle imprese locali.

Esempi di successo:

- **"Maison&Objet" a Parigi:** Una delle fiere più importanti a livello mondiale per il design e l'artigianato, che attira ogni anno migliaia di espositori e visitatori da tutto il mondo. La fiera è un'occasione unica per promuovere le eccellenze artigianali e per entrare in contatto con i principali operatori del settore.

- **"Ambiente" a Francoforte:** Una delle principali fiere internazionali per i beni di consumo, che offre un'ampia visibilità alle eccellenze artigianali e manifatturiere. La fiera attira espositori e visitatori da tutto il mondo, creando un'occasione di incontro e di scambio per le imprese locali.

Strumenti operativi:

1. **Creazione di un calendario delle fiere e degli eventi internazionali:** Identificare le fiere e gli eventi internazionali più rilevanti per il settore dell'artigianato e dei servizi, creando un calendario delle opportunità di partecipazione.
2. **Incentivi e supporto economico:** Offrire incentivi e supporto economico per la partecipazione delle imprese locali a fiere ed eventi internazionali, facilitando l'accesso ai mercati esteri.
3. **Preparazione e formazione:** Offrire percorsi di formazione e consulenza per preparare le imprese alla partecipazione a fiere ed eventi, sviluppando competenze di marketing e di gestione delle relazioni commerciali.
4. **Creazione di stand collettivi e spazi espositivi:** Organizzare stand collettivi e spazi espositivi che rappresentino il territorio e le sue eccellenze, offrendo alle piccole imprese l'opportunità di partecipare a costi ridotti e di valorizzare l'immagine del territorio.

3. Sviluppo di Piattaforme di E-Commerce per l'Artigianato e i Servizi Locali

Le piattaforme di e-commerce rappresentano un'opportunità straordinaria per le piccole imprese artigianali e di servizi locali, che possono raggiungere un pubblico internazionale senza dover affrontare i costi e le difficoltà legate all'accesso fisico ai mercati esteri. Tuttavia, per molte imprese, la gestione di una piattaforma di e-commerce richiede competenze tecniche e di marketing che non sono sempre disponibili.

Obiettivi dello sviluppo di piattaforme di e-commerce:

- Creare una piattaforma di e-commerce che promuova i prodotti e i servizi locali, facilitando l'accesso ai mercati nazionali e internazionali.
- Offrire strumenti di marketing e di gestione che supportino le imprese nella promozione e nella vendita online, valorizzando l'immagine e la qualità del territorio.
- Promuovere la trasparenza e la qualità del servizio, garantendo la sicurezza delle transazioni e la tutela dei consumatori.

Esempi di successo:

- **"Etsy"**: Una piattaforma di e-commerce specializzata in prodotti artigianali e creativi, che permette agli artigiani di vendere i propri prodotti in tutto il mondo. Etsy offre strumenti di marketing e di gestione che facilitano la vendita online e promuove un'immagine di qualità e di autenticità.
- **"Made in Italy" Store su Amazon:** Una sezione dedicata ai prodotti italiani su Amazon, che valorizza le eccellenze artigianali e agroalimentari del nostro paese. Il negozio offre visibilità internazionale ai prodotti italiani e facilita l'accesso ai mercati esteri.

Strumenti operativi:

1. **Creazione di una piattaforma di e-commerce territoriale:** Sviluppare una piattaforma di e-commerce che promuova i prodotti e i servizi locali, valorizzando le eccellenze e le competenze del territorio.
2. **Formazione e supporto tecnico:** Offrire percorsi di formazione e consulenza che supportino le imprese nella

creazione e nella gestione di un negozio online, sviluppando competenze di marketing digitale e di gestione delle vendite.

3. **Incentivi e agevolazioni:** Offrire incentivi e agevolazioni per la creazione di negozi online, facilitando l'accesso delle imprese alla piattaforma e valorizzando la loro presenza sui mercati digitali.

4. **Promozione e marketing internazionale:** Utilizzare la piattaforma per promuovere l'immagine del territorio e delle imprese locali a livello internazionale, sviluppando campagne di marketing e di comunicazione che valorizzino la qualità e l'autenticità dei prodotti.

4. Programmi di Formazione e Consulenza per l'Internazionalizzazione

La formazione e la consulenza sono strumenti fondamentali per supportare le imprese nel processo di internazionalizzazione, offrendo competenze e risorse che facilitino l'accesso ai mercati esteri e la gestione delle relazioni commerciali. Le istituzioni e le associazioni di categoria possono promuovere programmi di formazione e di consulenza che supportino le imprese nello sviluppo di una strategia di internazionalizzazione efficace e sostenibile.

Obiettivi dei programmi di formazione e consulenza:

- Offrire competenze tecniche e di marketing che supportino le imprese nella creazione e nella gestione di una strategia di internazionalizzazione.

- Promuovere la conoscenza delle normative e delle procedure commerciali internazionali, facilitando l'accesso ai mercati esteri e la gestione delle relazioni commerciali.

- Sviluppare competenze linguistiche e interculturali che facilitino la comunicazione e la collaborazione con partner e clienti internazionali.

Esempi di successo:

- **"Go International" in Germania:** Un programma di formazione e consulenza che supporta le piccole imprese tedesche nel processo di internazionalizzazione, offrendo corsi di formazione, consulenze personalizzate e supporto economico. Il programma ha aiutato molte piccole imprese a sviluppare una presenza internazionale e a crescere sui mercati esteri.
- **"Export to Japan" nel Regno Unito:** Un programma di formazione e consulenza che supporta le imprese britanniche nell'accesso al mercato giapponese, offrendo corsi di formazione, eventi di networking e supporto tecnico. Il programma ha facilitato l'ingresso di molte imprese britanniche sul mercato giapponese, promuovendo la collaborazione e lo scambio commerciale.

Strumenti operativi:

1. **Sviluppo di un programma formativo:** Creare un programma di formazione che offra corsi e workshop su temi come il marketing internazionale, la gestione delle relazioni commerciali e le normative commerciali internazionali.
2. **Consulenza personalizzata:** Offrire servizi di consulenza personalizzata che supportino le imprese nello sviluppo di una strategia di internazionalizzazione, identificando i mercati più adatti e sviluppando un piano d'azione efficace.
3. **Incentivi e supporto economico:** Offrire incentivi e supporto economico per la partecipazione ai programmi di formazione e consulenza, facilitando l'accesso delle piccole imprese ai servizi di supporto.

4. **Sviluppo di reti di supporto:** Creare reti di supporto che mettano in contatto le imprese con esperti e consulenti, facilitando lo scambio di competenze e di esperienze e promuovendo la collaborazione e il networking.

CAPITOLO 15: COINVOLGIMENTO DELLE NUOVE GENERAZIONI – TRASMETTERE IL SAPERE E COLTIVARE LE COMPETENZE PER IL FUTURO

Per garantire un futuro sostenibile e prospero all'artigianato e ai servizi locali, è fondamentale coinvolgere le nuove generazioni, trasmettendo loro il sapere e le competenze necessarie per diventare protagonisti del cambiamento. Il settore artigianale e delle piccole imprese tecniche rischia di perdere molte delle sue conoscenze tradizionali a causa della mancanza di ricambio generazionale, di interesse e di formazione adeguata. Creare percorsi di apprendimento coinvolgenti e offrire opportunità concrete per i giovani è essenziale per preservare e innovare questo patrimonio.

In questo capitolo, verranno presentate strategie e proposte operative per coinvolgere le nuove generazioni, promuovendo percorsi formativi, programmi di mentorship e iniziative che valorizzino la creatività e l'innovazione dei giovani. Verranno inoltre esplorate esperienze di successo e modelli replicabili che possono essere adottati a livello locale.

1. Creazione di Percorsi Formativi Esperienziali e Innovativi

Per attrarre le nuove generazioni verso l'artigianato e i servizi locali, è necessario offrire percorsi formativi che siano innovativi e coinvolgenti, che combinino teoria e pratica, e che valorizzino la creatività e la sperimentazione. Questi percorsi devono essere in grado di rispondere alle esigenze dei giovani, offrendo opportunità di apprendimento personalizzate e flessibili, che permettano di sviluppare competenze tecniche e trasversali.

Obiettivi dei percorsi formativi:

- Offrire percorsi formativi che combinino teoria e pratica, valorizzando l'apprendimento esperienziale e la sperimentazione.

- Promuovere l'innovazione e la creatività, offrendo ai giovani l'opportunità di sviluppare progetti originali e di sperimentare nuove tecniche e tecnologie.

- Favorire la collaborazione tra scuole, università, imprese e istituzioni, creando un ecosistema di apprendimento che valorizzi le competenze e le risorse locali.

Esempi di successo:

- **"Scuola del Design del Legno" a Ortisei:** Un istituto che offre percorsi formativi incentrati sull'artigianato del legno, combinando tradizione e innovazione. Gli studenti hanno l'opportunità di apprendere le tecniche tradizionali della lavorazione del legno, sperimentando al contempo nuove tecnologie e progetti di design innovativo.

- **"Fondazione Cologni dei Mestieri d'Arte" a Milano:** Una fondazione che promuove percorsi di formazione e di apprendistato per i giovani interessati ai mestieri d'arte, offrendo borse di studio e opportunità di lavoro presso botteghe e laboratori artigianali. La fondazione valorizza la trasmissione del sapere artigianale, promuovendo la formazione duale e il mentorship.

Strumenti operativi:

1. **Sviluppo di programmi formativi integrati:** Creare programmi formativi che integrino teoria e pratica, offrendo percorsi personalizzati che rispondano alle esigenze e agli interessi dei giovani.

2. **Collaborazione tra scuole, università e imprese:** Promuovere la collaborazione tra scuole, università e imprese locali, facilitando la creazione di percorsi di apprendistato e di stage che valorizzino il sapere e l'esperienza degli artigiani e dei tecnici.

3. **Innovazione e sperimentazione:** Offrire ai giovani l'opportunità di sviluppare progetti innovativi e di sperimentare nuove tecniche e tecnologie, promuovendo la creatività e l'innovazione.

4. **Promozione e orientamento:** Promuovere i percorsi formativi attraverso campagne di comunicazione e di orientamento, valorizzando le opportunità di apprendimento e di crescita professionale offerte dal settore artigianale e dei servizi locali.

2. Programmi di Mentorship e di Apprendistato per la Trasmissione del Sapere

La mentorship e l'apprendistato sono strumenti fondamentali per la trasmissione del sapere e per la valorizzazione delle competenze artigianali e tecniche. Questi programmi offrono ai giovani l'opportunità di apprendere direttamente dai maestri artigiani e dai tecnici esperti, sviluppando competenze pratiche e conoscenze specifiche che non possono essere acquisite attraverso la formazione teorica.

Obiettivi dei programmi di mentorship e apprendistato:

- Facilitare la trasmissione del sapere artigianale e tecnico, valorizzando l'esperienza e la competenza dei maestri artigiani e dei tecnici esperti.

- Offrire ai giovani l'opportunità di apprendere direttamente sul campo, sviluppando competenze pratiche e trasversali che facilitino l'ingresso nel mondo del lavoro.

- Promuovere la creazione di reti di supporto e di collaborazione tra le diverse generazioni, valorizzando il contributo di ciascuno e facilitando lo scambio di competenze e di esperienze.

Esempi di successo:

- **"Takumi Next" in Giappone:** Un programma di mentorship che mette in contatto i giovani artigiani con i maestri Takumi, riconosciuti per la loro competenza e il loro sapere. I giovani partecipanti hanno l'opportunità di apprendere le tecniche tradizionali direttamente sul campo, lavorando a fianco dei maestri e partecipando a progetti di innovazione e di sviluppo.
- **"Atelier des Métiers" in Francia:** Un'iniziativa che promuove l'apprendistato e la formazione duale per i mestieri artigianali e tecnici, mettendo in contatto i giovani con artigiani e tecnici esperti. Il programma valorizza la trasmissione del sapere e promuove la crescita professionale dei partecipanti, facilitando l'ingresso nel mondo del lavoro.

Strumenti operativi:

1. **Creazione di un registro dei maestri artigiani e dei tecnici esperti:** Identificare i maestri artigiani e i tecnici esperti che sono disposti a partecipare a programmi di mentorship e di apprendistato, creando un registro che valorizzi le loro competenze e la loro esperienza.
2. **Sviluppo di percorsi di apprendistato e di mentorship:** Creare percorsi di apprendistato e di mentorship che mettano in contatto i giovani con i maestri artigiani e i tecnici esperti, valorizzando l'apprendimento sul campo e la trasmissione del sapere.
3. **Supporto economico e organizzativo:** Offrire supporto economico e organizzativo per facilitare la partecipazione ai

programmi di apprendistato e di mentorship, valorizzando il contributo dei maestri e promuovendo la crescita professionale dei giovani.

4. **Promozione e comunicazione:** Promuovere i programmi di apprendistato e di mentorship attraverso campagne di comunicazione e di orientamento, valorizzando le opportunità di apprendimento e di crescita professionale offerte dal settore artigianale e dei servizi locali.

3. Iniziative di Imprenditorialità Giovanile per Innovare il Settore Artigianale e dei Servizi

L'imprenditorialità giovanile è un'opportunità straordinaria per innovare e valorizzare il settore artigianale e dei servizi locali. I giovani imprenditori possono portare nuove idee, nuove tecnologie e nuovi modelli di business, promuovendo la crescita e l'innovazione. Tuttavia, per molte giovani imprese, l'accesso alle risorse e al supporto necessario per avviare e sviluppare un'attività imprenditoriale può rappresentare una sfida.

Obiettivi delle iniziative di imprenditorialità giovanile:

- Promuovere l'imprenditorialità giovanile nel settore artigianale e dei servizi, offrendo supporto economico, formativo e organizzativo.
- Valorizzare le idee e le competenze dei giovani, promuovendo la creazione di nuove imprese e di nuovi modelli di business.
- Facilitare l'accesso alle risorse e al supporto necessario per avviare e sviluppare un'attività imprenditoriale, promuovendo la collaborazione tra giovani imprenditori, istituzioni e imprese locali.

Esempi di successo:

- **"Young Crafts" in Belgio:** Un programma che offre supporto e risorse ai giovani imprenditori che vogliono avviare un'attività nel settore artigianale. Il programma offre corsi di formazione, consulenze personalizzate e accesso a finanziamenti, promuovendo la crescita e lo sviluppo di nuove imprese artigianali.
- **"Start-Up Craft" in Germania:** Un'iniziativa che supporta le start-up nel settore artigianale e dei servizi, offrendo spazi di lavoro condivisi, formazione e accesso a finanziamenti. Il programma promuove l'innovazione e la collaborazione, valorizzando le idee e le competenze dei giovani imprenditori.

Strumenti operativi:

1. **Creazione di incubatori d'impresa e spazi di co-working:** Sviluppare incubatori d'impresa e spazi di co-working che offrano supporto economico, formativo e organizzativo ai giovani imprenditori, facilitando la creazione e lo sviluppo di nuove imprese.
2. **Programmi di formazione e consulenza:** Offrire programmi di formazione e consulenza che supportino i giovani imprenditori nello sviluppo di un business plan, nella gestione delle relazioni commerciali e nell'accesso ai finanziamenti.
3. **Accesso a finanziamenti e incentivi:** Offrire finanziamenti e incentivi per la creazione e lo sviluppo di nuove imprese, valorizzando le idee e le competenze dei giovani imprenditori.
4. **Promozione e networking:** Promuovere le iniziative di imprenditorialità giovanile attraverso eventi, workshop e campagne di comunicazione, facilitando la creazione di reti di supporto e di collaborazione tra giovani imprenditori, istituzioni e imprese locali.

4. Promozione del Settore Artigianale e dei Servizi Locali nelle Scuole – Educare alla Cultura del Lavoro e dell'Innovazione

Educare alla cultura del lavoro e dell'innovazione fin dalle scuole è fondamentale per valorizzare il settore artigianale e dei servizi locali e per promuovere un ricambio generazionale. Le scuole possono diventare un punto di riferimento per la promozione delle competenze e delle tradizioni artigianali, offrendo ai giovani l'opportunità di scoprire e di sperimentare il lavoro manuale e tecnico in un contesto educativo.

Obiettivi della promozione nelle scuole:

- Promuovere la conoscenza e la valorizzazione del settore artigianale e dei servizi locali nelle scuole, offrendo ai giovani l'opportunità di scoprire e di sperimentare il lavoro manuale e tecnico.
- Educare alla cultura del lavoro e dell'innovazione, valorizzando le competenze tecniche e trasversali e promuovendo il legame tra scuola, impresa e territorio.
- Offrire percorsi educativi che integrino teoria e pratica, valorizzando l'apprendimento esperienziale e la sperimentazione.

Esempi di successo:

- **"Scuola-Bottega" in Emilia-Romagna:** Un progetto che promuove la collaborazione tra scuole e botteghe artigiane, offrendo agli studenti l'opportunità di apprendere direttamente sul campo e di sviluppare competenze tecniche e trasversali. Il progetto valorizza il legame tra scuola e impresa, promuovendo il ricambio generazionale e la trasmissione del sapere.
- **"Fabbriche Aperte" in Piemonte:** Un'iniziativa che apre le porte delle fabbriche e delle botteghe artigiane agli studenti,

offrendo visite guidate e laboratori pratici. Il progetto promuove la conoscenza del mondo del lavoro e delle competenze tecniche, valorizzando il patrimonio industriale e artigianale del territorio.

Strumenti operativi:

1. **Creazione di laboratori didattici e di percorsi tematici:** Sviluppare laboratori didattici e percorsi tematici che valorizzino le competenze artigianali e tecniche, offrendo agli studenti l'opportunità di sperimentare il lavoro manuale e tecnico in un contesto educativo.

2. **Collaborazione tra scuole e imprese locali:** Promuovere la collaborazione tra scuole e imprese locali, facilitando la creazione di percorsi di stage e di apprendistato che valorizzino il legame tra scuola e territorio.

3. **Programmi di orientamento e di sensibilizzazione:** Offrire programmi di orientamento e di sensibilizzazione che promuovano la conoscenza e la valorizzazione del settore artigianale e dei servizi locali, educando i giovani alla cultura del lavoro e dell'innovazione.

4. **Promozione e comunicazione:** Promuovere le iniziative nelle scuole attraverso campagne di comunicazione e di orientamento, valorizzando le opportunità di apprendimento e di crescita professionale offerte dal settore artigianale e dei servizi locali.

CAPITOLO 16: LA RETE DI SUPPORTO PER L'ARTIGIANATO E I SERVIZI LOCALI – COSTRUIRE SINERGIE TRA ISTITUZIONI, IMPRESE E COMUNITÀ

Per garantire lo sviluppo sostenibile dell'artigianato e dei servizi locali, è fondamentale costruire una rete di supporto che coinvolga tutti gli attori del territorio: istituzioni pubbliche, associazioni di categoria, imprese e comunità locali. Questa rete deve favorire la collaborazione, lo scambio di competenze e la condivisione delle risorse, creando un ecosistema favorevole alla crescita e all'innovazione.

In questo capitolo verranno esplorati i principali strumenti e le strategie per costruire una rete di supporto efficace e inclusiva, che valorizzi le competenze e le risorse del territorio, e che promuova un modello di sviluppo sostenibile e partecipativo. Verranno inoltre presentati esempi di buone pratiche e proposte operative che possono essere adottate a livello locale.

1. La Creazione di Tavoli di Lavoro Territoriali – Promuovere la Collaborazione e il Dialogo

I tavoli di lavoro territoriali sono uno strumento fondamentale per favorire la collaborazione e il dialogo tra i diversi attori del territorio. Questi tavoli possono riunire rappresentanti delle istituzioni pubbliche, delle associazioni di categoria, delle imprese e delle comunità locali, promuovendo la discussione e la condivisione di idee e di progetti.

Obiettivi dei tavoli di lavoro territoriali:

- Creare uno spazio di dialogo e di confronto tra i diversi attori del territorio, facilitando la collaborazione e lo scambio di competenze.

- Promuovere la condivisione di risorse e di informazioni, valorizzando le competenze e le esperienze di ciascuno.
- Sviluppare progetti comuni che rispondano alle esigenze del territorio, promuovendo un modello di sviluppo sostenibile e partecipativo.

Esempi di successo:

- **"Tavolo dell'Artigianato" in Toscana:** Un'iniziativa che riunisce rappresentanti delle istituzioni, delle associazioni di categoria e delle imprese artigiane, con l'obiettivo di promuovere la crescita e l'innovazione del settore artigianale. Il tavolo facilita il dialogo e la collaborazione tra i diversi attori, promuovendo progetti comuni e la condivisione delle risorse.
- **"Forum Territoriale" in Emilia-Romagna:** Un forum che coinvolge rappresentanti delle istituzioni locali, delle associazioni di categoria e delle comunità locali, con l'obiettivo di promuovere lo sviluppo sostenibile del territorio. Il forum promuove la partecipazione attiva dei cittadini e delle imprese, valorizzando le competenze e le risorse del territorio.

Strumenti operativi:

1. **Identificazione degli attori coinvolti:** Identificare i principali attori del territorio, come istituzioni pubbliche, associazioni di categoria, imprese e comunità locali, e creare una mappa delle competenze e delle risorse disponibili.
2. **Creazione di tavoli di lavoro tematici:** Creare tavoli di lavoro tematici che riuniscano i diversi attori in base alle competenze e agli interessi comuni, promuovendo la discussione e la condivisione di idee e di progetti.
3. **Sviluppo di un'agenda comune:** Definire un'agenda comune che identifichi le priorità e gli obiettivi del tavolo di lavoro, promuovendo la collaborazione e la partecipazione attiva di tutti gli attori coinvolti.

4. **Promozione e comunicazione:** Promuovere i tavoli di lavoro attraverso media tradizionali e digitali, valorizzando il contributo di ciascuno e facilitando la partecipazione e il coinvolgimento del pubblico.

2. Centri di Supporto per l'Artigianato e i Servizi Locali – Offrire Consulenza e Assistenza Tecnica

I centri di supporto per l'artigianato e i servizi locali sono spazi dedicati che offrono consulenza e assistenza tecnica alle imprese e ai professionisti del territorio. Questi centri possono offrire servizi di consulenza su temi come il marketing, la gestione aziendale, l'accesso ai finanziamenti e l'innovazione tecnologica, facilitando la crescita e lo sviluppo delle piccole imprese.

Obiettivi dei centri di supporto:

- Offrire consulenza e assistenza tecnica alle imprese e ai professionisti del territorio, facilitando l'accesso alle risorse e alle competenze necessarie per crescere e innovare.
- Promuovere la formazione e l'aggiornamento delle competenze, offrendo corsi di formazione e workshop su temi specifici.
- Facilitare l'accesso ai finanziamenti e ai servizi di supporto, promuovendo la partecipazione ai bandi e ai progetti di sviluppo.

Esempi di successo:

- **"Centri di Competenza per l'Artigianato" in Germania:** Centri di supporto che offrono consulenza e assistenza tecnica alle imprese artigiane, facilitando l'accesso ai finanziamenti e la partecipazione ai progetti di innovazione. I centri promuovono la collaborazione tra imprese, università e centri di ricerca, valorizzando le competenze e le risorse locali.

- **"Service Hubs" in Regno Unito:** Centri di supporto che offrono consulenza e assistenza tecnica alle piccole imprese di servizi, facilitando l'accesso ai finanziamenti e ai servizi di supporto. I centri offrono corsi di formazione, consulenze personalizzate e spazi di co-working, promuovendo la crescita e l'innovazione.

Strumenti operativi:

1. **Creazione di un centro di supporto territoriale:** Identificare uno spazio dedicato che possa ospitare il centro di supporto, in collaborazione con le istituzioni locali e le associazioni di categoria.
2. **Offerta di servizi di consulenza e assistenza tecnica:** Sviluppare un'offerta di servizi di consulenza e assistenza tecnica che risponda alle esigenze delle imprese e dei professionisti del territorio, valorizzando le competenze e le risorse locali.
3. **Promozione della formazione e dell'aggiornamento delle competenze:** Offrire corsi di formazione e workshop su temi specifici, facilitando l'accesso alle competenze e alle risorse necessarie per crescere e innovare.
4. **Accesso ai finanziamenti e ai servizi di supporto:** Offrire consulenza e assistenza per l'accesso ai finanziamenti e ai servizi di supporto, promuovendo la partecipazione ai bandi e ai progetti di sviluppo.

3. Piattaforme Digitali per la Condivisione di Risorse e Competenze – Valorizzare la Collaborazione e l'Innovazione

Le piattaforme digitali possono diventare uno strumento prezioso per facilitare la condivisione di risorse e competenze tra le imprese e i professionisti del territorio. Queste piattaforme offrono uno spazio virtuale dove è possibile condividere informazioni, competenze e risorse, promuovendo la collaborazione e l'innovazione.

Obiettivi delle piattaforme digitali:

- Facilitare la condivisione di informazioni, competenze e risorse tra le imprese e i professionisti del territorio, promuovendo la collaborazione e l'innovazione.
- Offrire uno spazio di incontro e di scambio, che valorizzi le competenze e le esperienze di ciascuno e che promuova la partecipazione e il coinvolgimento.
- Promuovere la trasparenza e la qualità del servizio, garantendo la sicurezza delle transazioni e la tutela dei consumatori.

Esempi di successo:

- **"Coopération Artisans" in Francia:** Una piattaforma digitale che facilita la collaborazione e la condivisione di risorse tra le imprese artigiane, offrendo strumenti di gestione e di marketing che valorizzano le competenze e le esperienze di ciascuno. La piattaforma promuove la collaborazione tra artigiani e facilita l'accesso ai mercati digitali.
- **"Platform24" in Svezia:** Una piattaforma digitale che mette in contatto professionisti e imprese del settore dei servizi, facilitando la condivisione di competenze e la collaborazione. La piattaforma offre strumenti di gestione e di marketing che valorizzano le competenze e le risorse del territorio.

Strumenti operativi:

1. **Sviluppo di una piattaforma digitale territoriale:** Creare una piattaforma digitale che valorizzi le competenze e le risorse del territorio, facilitando la condivisione di informazioni e la collaborazione tra le imprese e i professionisti locali.
2. **Offerta di strumenti di gestione e di marketing:** Offrire strumenti di gestione e di marketing che supportino le imprese e i professionisti nella promozione e nella condivisione delle

competenze, valorizzando la qualità e la trasparenza del servizio.

3. **Promozione della collaborazione e dell'innovazione:** Promuovere la collaborazione e l'innovazione attraverso la piattaforma, facilitando la creazione di progetti comuni e la condivisione delle risorse.

4. **Accesso ai mercati digitali:** Utilizzare la piattaforma per facilitare l'accesso ai mercati digitali, valorizzando le eccellenze locali e promuovendo l'immagine del territorio.

4. Progetti di Comunità per la Valorizzazione del Territorio – Promuovere la Partecipazione Attiva e l'Inclusione Sociale

I progetti di comunità rappresentano un'opportunità straordinaria per valorizzare il territorio e per promuovere la partecipazione attiva e l'inclusione sociale. Questi progetti coinvolgono le comunità locali nella creazione e nella gestione delle iniziative, valorizzando il contributo di ciascuno e promuovendo un modello di sviluppo partecipativo e inclusivo.

Obiettivi dei progetti di comunità:

- Promuovere la partecipazione attiva e l'inclusione sociale, valorizzando il contributo di ciascuno e facilitando la collaborazione tra i diversi attori del territorio.

- Valorizzare le competenze e le risorse del territorio, promuovendo un modello di sviluppo sostenibile e partecipativo che risponda alle esigenze della comunità.

- Offrire opportunità di crescita e di sviluppo per le imprese e i professionisti del territorio, promuovendo la collaborazione e la condivisione delle risorse.

Esempi di successo:

- **"Città delle Arti e dei Mestieri" in Francia:** Un progetto di comunità che valorizza il patrimonio artigianale e culturale del territorio, offrendo spazi di lavoro condivisi, laboratori didattici e percorsi tematici che coinvolgono le comunità locali. Il progetto promuove la partecipazione attiva e l'inclusione sociale, valorizzando le competenze e le risorse del territorio.

- **"Reti di Comunità" in Italia:** Un'iniziativa che promuove la collaborazione e la partecipazione attiva delle comunità locali, facilitando la creazione di progetti comuni e la condivisione delle risorse. Il progetto valorizza il contributo di ciascuno e promuove un modello di sviluppo sostenibile e partecipativo.

Strumenti operativi:

1. **Coinvolgimento delle comunità locali:** Promuovere la partecipazione attiva delle comunità locali nella creazione e nella gestione dei progetti, valorizzando il contributo di ciascuno e facilitando la collaborazione e lo scambio di competenze.

2. **Sviluppo di progetti di comunità:** Creare progetti di comunità che rispondano alle esigenze del territorio, valorizzando le competenze e le risorse locali e promuovendo un modello di sviluppo sostenibile e partecipativo.

3. **Promozione e comunicazione:** Promuovere i progetti di comunità attraverso media tradizionali e digitali, valorizzando il contributo delle comunità locali e facilitando la partecipazione e il coinvolgimento del pubblico.

4. **Monitoraggio e valutazione:** Monitorare e valutare l'impatto dei progetti di comunità, raccogliendo feedback e suggerimenti dai partecipanti e promuovendo il miglioramento continuo e la condivisione delle buone pratiche.

CAPITOLO 17: FINANZIAMENTI E AGEVOLAZIONI PER L'ARTIGIANATO E I SERVIZI LOCALI – RISORSE E OPPORTUNITÀ PER LA CRESCITA

L'accesso ai finanziamenti e alle agevolazioni rappresenta una delle principali sfide per le piccole imprese artigianali e di servizi locali. Spesso, la mancanza di risorse economiche e di supporto adeguato limita la capacità di innovare e di crescere. Tuttavia, esistono numerose opportunità di finanziamento, sia a livello nazionale che europeo, che possono sostenere la crescita e lo sviluppo del settore.

In questo capitolo, verranno esplorate le principali fonti di finanziamento e le agevolazioni disponibili per le imprese artigianali e di servizi locali, con suggerimenti operativi per accedere a queste risorse e per sfruttarle al meglio. Verranno inoltre presentate esperienze di successo e proposte operative per favorire l'accesso ai finanziamenti e per promuovere un utilizzo efficace delle risorse disponibili.

1. Fonti di Finanziamento Nazionali e Europee per l'Artigianato e i Servizi Locali

Le fonti di finanziamento nazionali e europee offrono numerose opportunità per sostenere la crescita e l'innovazione delle imprese artigianali e di servizi locali. Tuttavia, per molte piccole imprese, l'accesso a queste risorse può risultare complesso e impegnativo, a causa della mancanza di competenze e di informazioni adeguate.

Obiettivi delle fonti di finanziamento:

- Sostenere la crescita e l'innovazione delle imprese artigianali e di servizi locali, facilitando l'accesso a risorse economiche e a supporto tecnico.

- Promuovere la formazione e l'aggiornamento delle competenze, facilitando l'accesso a percorsi formativi e a servizi di consulenza.
- Sviluppare progetti di ricerca e innovazione che valorizzino le competenze e le risorse del territorio, promuovendo la collaborazione tra imprese, università e centri di ricerca.

Esempi di programmi di finanziamento:

- **"Fondo Artigianato" (Italia):** Un fondo nazionale che offre finanziamenti e agevolazioni alle imprese artigianali per sostenere l'innovazione, la digitalizzazione e la formazione. Il fondo promuove la crescita e lo sviluppo delle imprese artigiane, facilitando l'accesso a risorse economiche e a supporto tecnico.
- **"Programma COSME" (UE):** Un programma europeo che supporta le piccole e medie imprese (PMI) nell'accesso ai finanziamenti e nei processi di internazionalizzazione. Il programma offre garanzie per l'accesso al credito, supporto per la crescita e l'innovazione e strumenti di assistenza tecnica.

Strumenti operativi:

1. **Identificazione delle opportunità di finanziamento:** Creare un elenco delle principali opportunità di finanziamento disponibili a livello nazionale e europeo, identificando i bandi e i programmi più rilevanti per le imprese artigianali e di servizi locali.
2. **Supporto per la partecipazione ai bandi:** Offrire consulenza e assistenza tecnica per facilitare la partecipazione ai bandi di finanziamento, sviluppando competenze specifiche per la redazione dei progetti e la gestione delle domande.
3. **Creazione di partenariati e reti di supporto:** Promuovere la creazione di partenariati e di reti di supporto tra le imprese,

le istituzioni e i centri di ricerca, facilitando l'accesso ai finanziamenti e la realizzazione di progetti comuni.

4. **Monitoraggio e valutazione dei progetti:** Monitorare e valutare l'impatto dei progetti finanziati, raccogliendo dati e informazioni sui risultati e promuovendo la condivisione delle buone pratiche e delle esperienze di successo.

2. Agevolazioni Fiscali e Incentivi per l'Innovazione e la Sostenibilità

Le agevolazioni fiscali e gli incentivi per l'innovazione e la sostenibilità rappresentano uno strumento prezioso per sostenere la crescita e lo sviluppo delle imprese artigianali e di servizi locali. Questi strumenti offrono un supporto economico diretto, riducendo i costi di investimento e facilitando l'adozione di pratiche innovative e sostenibili.

Obiettivi delle agevolazioni fiscali e degli incentivi:

- Promuovere l'adozione di pratiche innovative e sostenibili, offrendo incentivi economici e agevolazioni fiscali che riducano i costi di investimento.

- Sostenere la digitalizzazione e la modernizzazione delle imprese artigianali e di servizi locali, facilitando l'accesso a tecnologie avanzate e a servizi di consulenza.

- Promuovere la crescita e lo sviluppo delle imprese, offrendo strumenti di supporto economico che valorizzino le competenze e le risorse del territorio.

Esempi di agevolazioni fiscali e incentivi:

- **"Credito d'Imposta per Ricerca e Sviluppo" (Italia):** Un incentivo fiscale che offre un credito d'imposta per le spese sostenute in attività di ricerca e sviluppo, innovazione tecnologica e design. Il credito d'imposta facilita l'accesso a risorse economiche per l'innovazione e la modernizzazione delle imprese.

- **"Superbonus 110%" (Italia):** Un incentivo fiscale che offre una detrazione del 110% per le spese sostenute in interventi di efficienza energetica, riduzione del rischio sismico e installazione di impianti fotovoltaici. Il superbonus promuove la sostenibilità e la riqualificazione energetica degli edifici, facilitando l'accesso a risorse economiche per le imprese del settore edilizio e dei servizi.

Strumenti operativi:

1. **Creazione di una guida alle agevolazioni fiscali e agli incentivi:** Sviluppare una guida che descriva le principali agevolazioni fiscali e gli incentivi disponibili per le imprese artigianali e di servizi locali, offrendo informazioni dettagliate sui requisiti e sulle modalità di accesso.

2. **Consulenza e assistenza tecnica:** Offrire servizi di consulenza e assistenza tecnica che supportino le imprese nella presentazione delle domande e nella gestione delle agevolazioni fiscali e degli incentivi.

3. **Promozione dell'innovazione e della sostenibilità:** Promuovere l'adozione di pratiche innovative e sostenibili attraverso campagne di sensibilizzazione e di informazione, valorizzando i benefici economici e ambientali delle agevolazioni fiscali e degli incentivi.

4. **Monitoraggio e valutazione degli impatti:** Monitorare e valutare l'impatto delle agevolazioni fiscali e degli incentivi sulle imprese artigianali e di servizi locali, raccogliendo dati e informazioni sui risultati e promuovendo la condivisione delle buone pratiche.

3. Fondi di Investimento e Finanza Alternativa – Nuove Opportunità per le Imprese Locali

I fondi di investimento e la finanza alternativa offrono nuove opportunità di finanziamento per le imprese artigianali e di servizi locali, facilitando l'accesso a risorse economiche che non sono disponibili attraverso i canali tradizionali. Questi strumenti includono il venture capital, il crowdfunding e i business angels, che possono supportare le imprese nella fase di avvio e di sviluppo.

Obiettivi dei fondi di investimento e della finanza alternativa:

- Offrire nuove opportunità di finanziamento per le imprese artigianali e di servizi locali, facilitando l'accesso a risorse economiche per la crescita e lo sviluppo.
- Promuovere l'innovazione e la sperimentazione, sostenendo progetti e iniziative che valorizzino le competenze e le risorse del territorio.
- Favorire la creazione di reti di supporto e di collaborazione tra imprese, investitori e istituzioni, promuovendo la condivisione delle risorse e delle competenze.

Esempi di successo:

- **"Kickstarter" e "Indiegogo" (USA):** Piattaforme di crowdfunding che offrono l'opportunità di finanziare progetti creativi e imprenditoriali attraverso il contributo diretto del pubblico. Molti artigiani e piccole imprese hanno utilizzato queste piattaforme per finanziare nuovi prodotti e iniziative, coinvolgendo direttamente i propri clienti e sostenitori.
- **"Italia StartUp Visa" (Italia):** Un'iniziativa che promuove l'attrazione di capitali e di talenti internazionali per le start-up italiane, offrendo agevolazioni fiscali e supporto economico. Il programma facilita l'accesso a risorse economiche e a

competenze tecniche, promuovendo l'innovazione e la crescita delle start-up italiane.

Strumenti operativi:

1. **Creazione di un fondo territoriale di investimento:** Sviluppare un fondo territoriale che supporti le imprese artigianali e di servizi locali, offrendo risorse economiche e supporto tecnico per la crescita e l'innovazione.
2. **Promozione della finanza alternativa:** Promuovere la conoscenza e l'utilizzo degli strumenti di finanza alternativa, offrendo informazioni e supporto tecnico per la partecipazione a campagne di crowdfunding e per l'accesso a venture capital e business angels.
3. **Sviluppo di reti di supporto e di collaborazione:** Creare reti di supporto e di collaborazione tra imprese, investitori e istituzioni, facilitando l'incontro tra domanda e offerta di finanziamenti e promuovendo la condivisione delle risorse e delle competenze.
4. **Monitoraggio e valutazione dei risultati:** Monitorare e valutare l'impatto dei fondi di investimento e della finanza alternativa sulle imprese artigianali e di servizi locali, raccogliendo dati e informazioni sui risultati e promuovendo la condivisione delle buone pratiche.

4. Strumenti di Supporto e Assistenza per Facilitare l'Accesso ai Finanziamenti

Per molte piccole imprese, l'accesso ai finanziamenti rappresenta una sfida complessa, a causa della mancanza di competenze specifiche e della difficoltà di orientarsi tra le diverse opportunità disponibili. Gli strumenti di supporto e assistenza possono facilitare questo processo, offrendo informazioni, consulenza e assistenza tecnica per l'accesso ai finanziamenti e per la gestione delle risorse.

Obiettivi degli strumenti di supporto e assistenza:

- Offrire informazioni, consulenza e assistenza tecnica per facilitare l'accesso ai finanziamenti e alle agevolazioni disponibili.
- Promuovere la conoscenza e l'utilizzo delle opportunità di finanziamento, valorizzando le competenze e le risorse del territorio.
- Sostenere la gestione efficace e trasparente delle risorse economiche, promuovendo la sostenibilità e la trasparenza dei progetti finanziati.

Esempi di successo:

- **"Sportelli Unici per le Attività Produttive" (Italia):** Uffici che offrono informazioni e assistenza tecnica alle imprese per la gestione delle pratiche amministrative e per l'accesso ai finanziamenti e alle agevolazioni. Gli sportelli facilitano l'accesso alle risorse economiche e promuovono la trasparenza e l'efficienza nella gestione delle pratiche amministrative.
- **"Enterprise Europe Network" (UE):** Una rete europea che offre supporto e assistenza tecnica alle piccole e medie imprese per l'accesso ai finanziamenti e per la partecipazione a progetti europei. La rete facilita l'incontro tra domanda e offerta di finanziamenti e promuove la crescita e l'innovazione delle imprese europee.

Strumenti operativi:

1. **Creazione di un ufficio territoriale di supporto:** Sviluppare un ufficio territoriale che offra informazioni, consulenza e assistenza tecnica per l'accesso ai finanziamenti e per la gestione delle risorse economiche.
2. **Offerta di servizi di consulenza e assistenza tecnica:** Offrire servizi di consulenza e assistenza tecnica che

supportino le imprese nella presentazione delle domande e nella gestione dei progetti finanziati, promuovendo la trasparenza e l'efficacia della gestione delle risorse.

3. **Promozione e diffusione delle informazioni:** Promuovere la conoscenza e l'utilizzo delle opportunità di finanziamento attraverso campagne di informazione e di sensibilizzazione, valorizzando le competenze e le risorse del territorio.

4. **Monitoraggio e valutazione dell'impatto:** Monitorare e valutare l'impatto degli strumenti di supporto e assistenza, raccogliendo feedback e suggerimenti dalle imprese e promuovendo il miglioramento continuo e la condivisione delle buone pratiche.

CAPITOLO 18: SOSTENIBILITÀ E ECONOMIA CIRCOLARE NELL'ARTIGIANATO E NEI SERVIZI LOCALI – VERSO UN MODELLO DI CRESCITA RESPONSABILE

La sostenibilità e l'economia circolare rappresentano due pilastri fondamentali per un futuro in cui le risorse vengono utilizzate in modo efficiente e responsabile, riducendo gli sprechi e valorizzando il patrimonio ambientale e culturale. Per le imprese artigianali e di servizi locali, l'adozione di pratiche sostenibili e circolari non è solo una scelta etica, ma una reale opportunità di differenziazione e competitività sul mercato.

In questo capitolo, esploreremo le strategie e le buone pratiche per promuovere la sostenibilità e l'economia circolare nell'artigianato e nei servizi locali, con un focus su come trasformare i principi della sostenibilità in azioni concrete. Verranno presentati esempi di successo, strumenti operativi e proposte progettuali che possono essere adottati dalle imprese e dalle istituzioni per promuovere un modello di crescita responsabile e inclusivo.

1. La Transizione verso un Modello di Economia Circolare – Strategie e Opportunità

L'economia circolare si basa sul principio di mantenere il valore dei prodotti, dei materiali e delle risorse il più a lungo possibile, riducendo al minimo i rifiuti e valorizzando i materiali di scarto. Per le imprese artigianali e di servizi locali, la transizione verso un modello circolare rappresenta una sfida ma anche una grande opportunità per innovare e per contribuire a un futuro più sostenibile.

Obiettivi dell'economia circolare:

- Ridurre l'uso di materie prime e l'impatto ambientale delle attività produttive, promuovendo l'uso di materiali riciclati e di risorse rinnovabili.
- Valorizzare i materiali di scarto e i prodotti a fine vita, promuovendo il riuso, la riparazione e il riciclo.
- Favorire la collaborazione e la condivisione tra imprese e comunità locali, creando reti di economia circolare che valorizzino le competenze e le risorse del territorio.

Esempi di successo:

- **"Brixton Remakery" a Londra:** Un centro di economia circolare che trasforma i materiali di scarto in nuovi prodotti artigianali e di design, coinvolgendo la comunità locale in percorsi di formazione e di collaborazione. Il centro promuove il riuso e il riciclo, creando un modello di economia circolare che valorizza le competenze e le risorse del territorio.
- **"L'Atelier Paysan" in Francia:** Un collettivo di artigiani e agricoltori che sviluppa attrezzature agricole sostenibili e riutilizzabili, utilizzando materiali di scarto e promuovendo la riparazione e l'autocostruzione. Il progetto valorizza le competenze tecniche e la collaborazione tra le diverse realtà locali, promuovendo un modello di economia circolare e sostenibile.

Strumenti operativi:

1. **Analisi del ciclo di vita dei prodotti:** Sviluppare un'analisi del ciclo di vita dei prodotti, identificando le fasi in cui è possibile ridurre l'impatto ambientale e promuovere il riuso e il riciclo dei materiali.
2. **Sviluppo di prodotti e servizi circolari:** Creare prodotti e servizi che valorizzino i principi dell'economia circolare,

promuovendo il riuso, la riparazione e il riciclo dei materiali e dei prodotti.

3. **Creazione di reti di economia circolare:** Promuovere la collaborazione tra imprese, istituzioni e comunità locali, facilitando la creazione di reti di economia circolare che valorizzino le competenze e le risorse del territorio.

4. **Promozione e sensibilizzazione:** Promuovere la conoscenza e l'utilizzo dei principi dell'economia circolare attraverso campagne di sensibilizzazione e di informazione, valorizzando i benefici ambientali ed economici di un modello di crescita responsabile.

2. Sostenibilità nelle Pratiche Artigianali – Innovazione e Tradizione a Confronto

L'artigianato ha sempre avuto una forte connessione con la sostenibilità, grazie alla valorizzazione delle risorse locali e all'attenzione per la qualità e la durata dei prodotti. Tuttavia, la sostenibilità non deve essere vista come una semplice conservazione delle tradizioni, ma come un'opportunità di innovazione e di crescita. Integrare i principi della sostenibilità nelle pratiche artigianali significa combinare la tradizione con l'innovazione, sviluppando prodotti e processi che rispettano l'ambiente e che rispondono alle esigenze del mercato contemporaneo.

Obiettivi della sostenibilità nelle pratiche artigianali:

- Promuovere l'uso di materiali sostenibili e locali, riducendo l'impatto ambientale delle attività produttive e valorizzando le risorse del territorio.

- Sviluppare processi produttivi che riducano i consumi energetici e l'uso di sostanze chimiche, promuovendo la sostenibilità ambientale e la salute dei lavoratori.

- Valorizzare il sapere artigianale e la qualità dei prodotti, promuovendo un modello di consumo responsabile e sostenibile.

Esempi di successo:

- **"EcoAlf" in Spagna:** Un'azienda che produce capi di abbigliamento e accessori utilizzando materiali riciclati e sostenibili, come bottiglie di plastica e reti da pesca dismesse. Il progetto valorizza la sostenibilità e l'innovazione, creando prodotti di alta qualità che rispettano l'ambiente.
- **"Zerogloss" in Italia:** Un laboratorio artigianale che sviluppa prodotti di design utilizzando materiali di scarto e tecniche tradizionali, come la lavorazione del legno e del metallo. Il progetto promuove la sostenibilità e la creatività, valorizzando il sapere artigianale e le risorse locali.

Strumenti operativi:

1. **Sviluppo di una filiera sostenibile:** Creare una filiera produttiva che valorizzi l'uso di materiali sostenibili e locali, promuovendo la trasparenza e la tracciabilità dei processi produttivi.
2. **Innovazione nei processi produttivi:** Sviluppare processi produttivi che riducano l'impatto ambientale, adottando tecniche innovative e sostenibili, come l'uso di energie rinnovabili e la riduzione dei consumi energetici e idrici.
3. **Valorizzazione del sapere artigianale:** Promuovere il sapere artigianale e la qualità dei prodotti attraverso campagne di comunicazione e di sensibilizzazione, valorizzando l'importanza della sostenibilità e della responsabilità sociale.
4. **Creazione di reti di collaborazione:** Promuovere la collaborazione tra artigiani, designer e istituzioni locali, facilitando lo scambio di competenze e lo sviluppo di progetti comuni che valorizzino la sostenibilità e l'innovazione.

3. Green Marketing e Comunicazione della Sostenibilità – Creare Valore attraverso la Trasparenza

Il green marketing e la comunicazione della sostenibilità sono strumenti fondamentali per valorizzare l'impegno delle imprese artigianali e di servizi locali verso un modello di crescita responsabile. Comunicare in modo trasparente e autentico l'impegno per la sostenibilità permette di creare valore aggiunto, di differenziarsi sul mercato e di costruire un rapporto di fiducia con i clienti e con le comunità locali.

Obiettivi del green marketing e della comunicazione della sostenibilità:

- Valorizzare l'impegno delle imprese per la sostenibilità, promuovendo un'immagine positiva e responsabile che risponda alle esigenze dei consumatori contemporanei.
- Creare un rapporto di fiducia con i clienti e con le comunità locali, offrendo informazioni trasparenti e autentiche sui prodotti e sui processi produttivi.
- Promuovere un modello di consumo responsabile e sostenibile, valorizzando la qualità e la durata dei prodotti e riducendo l'impatto ambientale delle attività produttive.

Esempi di successo:

- **"Patagonia" negli Stati Uniti:** Un'azienda di abbigliamento outdoor che ha fatto della sostenibilità e della responsabilità sociale il cuore della propria strategia di marketing. Patagonia promuove il riuso e la riparazione dei prodotti, offre trasparenza sui processi produttivi e sostiene iniziative ambientali e sociali.
- **"Lush" nel Regno Unito:** Un'azienda di cosmetici che promuove la sostenibilità e la responsabilità sociale attraverso una comunicazione trasparente e coinvolgente. Lush utilizza

ingredienti naturali e sostenibili, riduce l'uso di imballaggi e sostiene iniziative sociali e ambientali in tutto il mondo.

Strumenti operativi:

1. **Sviluppo di una strategia di green marketing:** Creare una strategia di green marketing che valorizzi l'impegno delle imprese per la sostenibilità, promuovendo un'immagine positiva e responsabile che risponda alle esigenze dei consumatori contemporanei.

2. **Comunicazione trasparente e autentica:** Offrire informazioni trasparenti e autentiche sui prodotti e sui processi produttivi, valorizzando la qualità e la durata dei prodotti e promuovendo un modello di consumo responsabile e sostenibile.

3. **Coinvolgimento delle comunità locali:** Promuovere il coinvolgimento delle comunità locali attraverso campagne di sensibilizzazione e di informazione, valorizzando l'importanza della sostenibilità e della responsabilità sociale.

4. **Promozione e diffusione delle buone pratiche:** Promuovere e diffondere le buone pratiche di sostenibilità attraverso media tradizionali e digitali, valorizzando l'impegno delle imprese e promuovendo la condivisione delle esperienze e delle competenze.

4. Progetti di Innovazione Sostenibile – Sperimentare Soluzioni Innovative per un Futuro Responsabile

I progetti di innovazione sostenibile rappresentano un'opportunità straordinaria per sperimentare soluzioni innovative e per promuovere un modello di crescita responsabile e inclusivo. Questi progetti coinvolgono imprese, istituzioni e comunità locali nella ricerca e nello sviluppo di nuove tecnologie, processi e modelli di business che riducono l'impatto ambientale e valorizzano le risorse del territorio.

Obiettivi dei progetti di innovazione sostenibile:

- Sperimentare soluzioni innovative che riducano l'impatto ambientale delle attività produttive, promuovendo la sostenibilità e la responsabilità sociale.
- Promuovere la collaborazione tra imprese, istituzioni e comunità locali, facilitando lo scambio di competenze e la condivisione delle risorse.
- Sostenere la crescita e lo sviluppo delle imprese attraverso l'adozione di tecnologie e processi sostenibili, valorizzando le competenze e le risorse del territorio.

Esempi di successo:

- **"Cradle to Cradle" nei Paesi Bassi:** Un'iniziativa che promuove la progettazione e lo sviluppo di prodotti e processi sostenibili, che valorizzano i principi dell'economia circolare e della sostenibilità. Il progetto coinvolge imprese, istituzioni e centri di ricerca nella sperimentazione di soluzioni innovative per ridurre l'impatto ambientale e valorizzare le risorse del territorio.
- **"GreenLab" in Francia:** Un laboratorio di innovazione sostenibile che sviluppa progetti di ricerca e sviluppo per l'adozione di tecnologie e processi sostenibili nel settore dell'artigianato e dei servizi. Il laboratorio promuove la collaborazione tra imprese, istituzioni e comunità locali, valorizzando le competenze e le risorse del territorio.

Strumenti operativi:

1. **Sviluppo di un programma di innovazione sostenibile:** Creare un programma di innovazione sostenibile che promuova la ricerca e lo sviluppo di soluzioni innovative per ridurre l'impatto ambientale e valorizzare le risorse del territorio.

2. **Creazione di partenariati e reti di collaborazione:** Promuovere la creazione di partenariati e di reti di collaborazione tra imprese, istituzioni e centri di ricerca, facilitando lo scambio di competenze e la condivisione delle risorse.

3. **Sperimentazione e sviluppo di nuove tecnologie:** Sperimentare e sviluppare nuove tecnologie e processi sostenibili, valorizzando le competenze e le risorse del territorio e promuovendo un modello di crescita responsabile e inclusivo.

4. **Promozione e diffusione dei risultati:** Promuovere e diffondere i risultati dei progetti di innovazione sostenibile attraverso media tradizionali e digitali, valorizzando l'impegno delle imprese e promuovendo la condivisione delle esperienze e delle competenze.

CAPITOLO 19: LA DIGITALIZZAZIONE DELL'ARTIGIANATO E DEI SERVIZI LOCALI – INNOVAZIONE E NUOVE TECNOLOGIE AL SERVIZIO DELLE IMPRESE

La digitalizzazione rappresenta una delle sfide più importanti e, allo stesso tempo, una delle maggiori opportunità per l'artigianato e i servizi locali. L'adozione di nuove tecnologie e la trasformazione digitale dei processi produttivi e gestionali possono contribuire a migliorare l'efficienza, a ottimizzare le risorse e a raggiungere nuovi mercati. Tuttavia, per molte piccole imprese artigianali e di servizi, l'accesso alle tecnologie digitali e la loro integrazione nelle attività quotidiane rappresentano un percorso complesso e spesso costoso.

In questo capitolo verranno esplorate le principali tecnologie e gli strumenti digitali che possono supportare la crescita e l'innovazione delle imprese artigianali e di servizi locali. Verranno presentati esempi di successo, proposte operative e suggerimenti pratici per favorire la digitalizzazione delle imprese e per promuovere un uso consapevole e strategico delle nuove tecnologie.

1. Tecnologie Digitali per l'Artigianato e i Servizi Locali – Strumenti di Innovazione e Crescita

Le tecnologie digitali offrono strumenti potenti per migliorare l'efficienza, ottimizzare i processi e raggiungere nuovi mercati. Dalla stampa 3D alla progettazione CAD, dai sistemi di gestione ERP alle piattaforme di e-commerce, le tecnologie digitali possono trasformare il modo in cui le imprese artigianali e di servizi operano e interagiscono con i clienti.

Obiettivi delle tecnologie digitali:

- Migliorare l'efficienza e l'ottimizzazione dei processi produttivi, riducendo i costi e aumentando la qualità dei prodotti e dei servizi.
- Facilitare l'accesso ai mercati nazionali e internazionali, promuovendo la digitalizzazione delle vendite e la creazione di piattaforme di e-commerce.
- Promuovere la collaborazione e l'innovazione, facilitando lo scambio di informazioni e la condivisione delle competenze tra le imprese e le comunità locali.

Esempi di tecnologie digitali:

- **Stampa 3D e prototipazione rapida:** La stampa 3D permette di creare prototipi e prodotti finiti in modo rapido ed efficiente, riducendo i costi e i tempi di sviluppo. Questa tecnologia può essere utilizzata per sviluppare nuovi prodotti, per personalizzare le produzioni e per sperimentare nuove soluzioni.
- **Progettazione CAD e simulazione:** I software di progettazione assistita (CAD) permettono di sviluppare progetti complessi in modo preciso ed efficiente, facilitando la collaborazione e la condivisione delle informazioni. La simulazione permette di testare e ottimizzare i progetti prima della produzione, riducendo gli errori e migliorando la qualità dei prodotti.
- **Piattaforme di e-commerce e marketing digitale:** Le piattaforme di e-commerce permettono di vendere prodotti e servizi online, raggiungendo un pubblico più ampio e diversificato. Il marketing digitale offre strumenti potenti per promuovere i prodotti e per interagire con i clienti in modo diretto e personalizzato.

Strumenti operativi:

1. **Valutazione delle esigenze tecnologiche:** Valutare le esigenze tecnologiche delle imprese, identificando le tecnologie digitali che possono supportare la crescita e l'innovazione in base alle specificità del settore e del mercato di riferimento.

2. **Implementazione delle tecnologie digitali:** Sviluppare un piano di implementazione delle tecnologie digitali che valorizzi le competenze e le risorse delle imprese, promuovendo l'adozione di strumenti e processi che migliorino l'efficienza e la qualità dei prodotti e dei servizi.

3. **Formazione e aggiornamento delle competenze:** Offrire percorsi di formazione e aggiornamento che supportino le imprese nella gestione e nell'utilizzo delle tecnologie digitali, valorizzando le competenze tecniche e trasversali necessarie per integrare le tecnologie digitali nelle attività quotidiane.

4. **Promozione e diffusione delle buone pratiche:** Promuovere e diffondere le buone pratiche di digitalizzazione attraverso campagne di sensibilizzazione e di informazione, valorizzando i benefici economici e organizzativi dell'adozione delle tecnologie digitali.

2. E-commerce e Marketing Digitale – Raggiungere Nuovi Mercati e Promuovere l'Artigianato Online

L'e-commerce e il marketing digitale offrono un'opportunità straordinaria per le imprese artigianali e di servizi locali di raggiungere nuovi mercati e di promuovere i propri prodotti e servizi a un pubblico più ampio e diversificato. Tuttavia, per molte piccole imprese, la gestione di un negozio online e l'utilizzo degli strumenti di marketing digitale possono rappresentare una sfida complessa.

Obiettivi dell'e-commerce e del marketing digitale:

- Facilitare l'accesso ai mercati nazionali e internazionali, promuovendo la digitalizzazione delle vendite e la creazione di piattaforme di e-commerce.
- Migliorare la visibilità e la promozione dei prodotti e dei servizi, utilizzando strumenti di marketing digitale che valorizzino l'immagine e la qualità del territorio.
- Creare un rapporto diretto e personalizzato con i clienti, utilizzando strumenti di comunicazione e di gestione delle relazioni che valorizzino l'esperienza d'acquisto e la fidelizzazione.

Esempi di successo:

- **"Etsy" negli Stati Uniti:** Una piattaforma di e-commerce che valorizza l'artigianato e i prodotti fatti a mano, offrendo agli artigiani e ai piccoli produttori l'opportunità di vendere i propri prodotti a un pubblico internazionale. Etsy promuove la qualità e l'autenticità, valorizzando il sapere artigianale e la creatività.
- **"Made in Italy" Store su Amazon:** Una sezione dedicata ai prodotti italiani su Amazon, che valorizza le eccellenze artigianali e agroalimentari del nostro paese. Il negozio offre visibilità internazionale ai prodotti italiani e facilita l'accesso ai mercati esteri, promuovendo la qualità e l'autenticità del Made in Italy.

Strumenti operativi:

1. **Creazione di un negozio online:** Sviluppare un negozio online che valorizzi i prodotti e i servizi locali, utilizzando piattaforme di e-commerce che facilitino la gestione delle vendite e la promozione dei prodotti.

2. **Sviluppo di una strategia di marketing digitale:** Creare una strategia di marketing digitale che valorizzi l'immagine e la qualità del territorio, utilizzando strumenti come il social media marketing, il content marketing e la pubblicità online.

3. **Gestione delle relazioni con i clienti:** Utilizzare strumenti di gestione delle relazioni con i clienti (CRM) che facilitino la comunicazione e la fidelizzazione, valorizzando l'esperienza d'acquisto e promuovendo un rapporto diretto e personalizzato con i clienti.

4. **Monitoraggio e analisi dei risultati:** Monitorare e analizzare i risultati delle attività di e-commerce e di marketing digitale, utilizzando strumenti di analisi e di reportistica che permettano di valutare l'efficacia delle strategie e di migliorare le performance.

3. Digitalizzazione dei Processi Produttivi e Gestionali – Ottimizzare le Risorse e Migliorare l'Efficienza

La digitalizzazione dei processi produttivi e gestionali permette di ottimizzare le risorse, di migliorare l'efficienza e di ridurre i costi operativi. I sistemi di gestione ERP (Enterprise Resource Planning), i software di contabilità e i sistemi di gestione della produzione offrono strumenti potenti per automatizzare e ottimizzare le attività quotidiane, facilitando la gestione delle risorse e delle informazioni.

Obiettivi della digitalizzazione dei processi produttivi e gestionali:

- Migliorare l'efficienza e la trasparenza dei processi produttivi e gestionali, riducendo i costi operativi e migliorando la qualità dei prodotti e dei servizi.

- Facilitare la gestione delle risorse e delle informazioni, utilizzando strumenti digitali che valorizzino la tracciabilità e la trasparenza dei processi.

- Promuovere l'innovazione e la collaborazione, facilitando la condivisione delle informazioni e la gestione delle attività produttive e gestionali.

Esempi di successo:

- **"Industry 4.0" in Germania:** Un'iniziativa che promuove la digitalizzazione e l'automazione dei processi produttivi e gestionali nel settore manifatturiero, utilizzando tecnologie avanzate come l'Internet delle Cose (IoT), l'intelligenza artificiale e i sistemi di gestione ERP. Il progetto valorizza l'innovazione e la collaborazione, migliorando l'efficienza e la qualità dei processi produttivi.
- **"Lean Manufacturing" in Giappone:** Un approccio alla gestione della produzione che utilizza tecniche e strumenti digitali per ottimizzare i processi produttivi e ridurre gli sprechi. Il modello promuove l'efficienza e la trasparenza, valorizzando l'innovazione e la collaborazione tra le diverse funzioni aziendali.

Strumenti operativi:

1. **Implementazione di sistemi di gestione ERP:** Sviluppare e implementare un sistema di gestione ERP che faciliti la gestione delle risorse e delle informazioni, valorizzando la trasparenza e l'efficienza dei processi produttivi e gestionali.
2. **Digitalizzazione della contabilità e della gestione amministrativa:** Utilizzare software di contabilità e di gestione amministrativa che automatizzino e ottimizzino le attività quotidiane, riducendo i costi operativi e migliorando la gestione delle risorse.
3. **Sistemi di gestione della produzione:** Sviluppare e implementare sistemi di gestione della produzione che ottimizzino i processi produttivi, riducendo gli sprechi e migliorando la qualità dei prodotti e dei servizi.

4. **Formazione e aggiornamento delle competenze:** Offrire percorsi di formazione e aggiornamento che supportino le imprese nella gestione e nell'utilizzo dei sistemi di digitalizzazione, valorizzando le competenze tecniche e trasversali necessarie per integrare le tecnologie digitali nelle attività quotidiane.

4. Cybersecurity e Protezione dei Dati – Garantire la Sicurezza e la Fiducia nel Mondo Digitale

La cybersecurity e la protezione dei dati rappresentano una priorità fondamentale per le imprese che adottano tecnologie digitali e che operano online. La sicurezza delle informazioni e la protezione dei dati personali sono essenziali per garantire la fiducia dei clienti e per proteggere le attività produttive e gestionali dalle minacce informatiche.

Obiettivi della cybersecurity e della protezione dei dati:

- Garantire la sicurezza delle informazioni e dei dati personali, proteggendo le attività produttive e gestionali dalle minacce informatiche.
- Promuovere la fiducia dei clienti e delle comunità locali, offrendo un livello elevato di protezione e di trasparenza nella gestione dei dati.
- Facilitare la conformità alle normative e agli standard di sicurezza, valorizzando la trasparenza e la responsabilità nella gestione delle informazioni e dei dati personali.

Esempi di successo:

- **"GDPR" (Regolamento Generale sulla Protezione dei Dati) in Europa:** Una normativa che promuove la protezione dei dati personali e la sicurezza delle informazioni, imponendo requisiti stringenti alle imprese che operano online. Il GDPR valorizza la trasparenza e la responsabilità, promuovendo la fiducia dei clienti e la sicurezza delle informazioni.

- **"NIST Cybersecurity Framework" negli Stati Uniti:** Un framework che offre linee guida e best practices per la gestione della cybersecurity nelle imprese e nelle organizzazioni. Il framework promuove la sicurezza delle informazioni e la protezione delle attività produttive e gestionali dalle minacce informatiche.

Strumenti operativi:

1. **Implementazione di un piano di cybersecurity:** Sviluppare e implementare un piano di cybersecurity che garantisca la sicurezza delle informazioni e dei dati personali, proteggendo le attività produttive e gestionali dalle minacce informatiche.

2. **Protezione dei dati personali e delle informazioni sensibili:** Utilizzare strumenti e tecnologie che garantiscano la protezione dei dati personali e delle informazioni sensibili, valorizzando la trasparenza e la responsabilità nella gestione delle informazioni.

3. **Formazione e sensibilizzazione sulla cybersecurity:** Offrire percorsi di formazione e sensibilizzazione che supportino le imprese nella gestione della cybersecurity e nella protezione dei dati, valorizzando le competenze tecniche e trasversali necessarie per garantire la sicurezza delle informazioni.

4. **Monitoraggio e valutazione delle minacce:** Monitorare e valutare le minacce informatiche e i rischi per la sicurezza delle informazioni, sviluppando strumenti di monitoraggio e di reportistica che permettano di identificare e gestire le minacce in modo efficace.

CAPITOLO 20: L'IMPORTANZA DEL NETWORK E DELLE RETI DI COLLABORAZIONE – UNIRE LE FORZE PER CRESCERE INSIEME

Per le imprese artigianali e di servizi locali, la costruzione di un network forte e di reti di collaborazione rappresenta un fattore chiave per la crescita e lo sviluppo. La capacità di connettersi con altri attori del territorio, di condividere risorse e competenze, e di sviluppare progetti comuni permette di superare le sfide e di cogliere nuove opportunità. Le reti di collaborazione possono assumere forme diverse, dai distretti produttivi alle associazioni di categoria, dalle reti digitali alle piattaforme di co-working.

In questo capitolo esploreremo le diverse tipologie di reti di collaborazione, con esempi di successo e suggerimenti operativi per costruire un network efficace. Verranno presentati modelli di rete che possono essere adottati a livello locale, nazionale e internazionale, e verranno proposte strategie per promuovere la collaborazione e il supporto reciproco tra imprese, istituzioni e comunità.

1. Distretti Produttivi e Cluster – Valorizzare le Competenze e le Risorse del Territorio

I distretti produttivi e i cluster rappresentano un modello di rete territoriale che valorizza le competenze e le risorse locali, favorendo la collaborazione tra imprese, istituzioni e comunità. Questi modelli di rete sono caratterizzati dalla concentrazione di imprese che operano nello stesso settore o in settori complementari, e che condividono risorse, conoscenze e competenze.

Obiettivi dei distretti produttivi e dei cluster:

- Valorizzare le competenze e le risorse del territorio, promuovendo la specializzazione e l'innovazione nei settori produttivi.
- Facilitare la collaborazione e lo scambio di informazioni tra le imprese, promuovendo la creazione di progetti comuni e la condivisione delle risorse.
- Sostenere la crescita e lo sviluppo delle imprese, offrendo supporto economico, formativo e organizzativo che valorizzi le competenze e le risorse del territorio.

Esempi di successo:

- **"Distretto del Cuoio" in Toscana:** Un distretto produttivo che riunisce le imprese del settore conciario e della pelletteria, valorizzando le competenze e le risorse locali. Il distretto promuove la qualità e l'innovazione, sostenendo la crescita delle imprese attraverso progetti comuni e iniziative di formazione e di ricerca.
- **"Silicon Valley" negli Stati Uniti:** Un cluster tecnologico che riunisce le principali aziende del settore tecnologico e digitale, valorizzando l'innovazione e la collaborazione tra imprese, università e centri di ricerca. Il modello promuove la condivisione delle conoscenze e delle competenze, creando un ecosistema favorevole alla crescita e allo sviluppo delle start-up tecnologiche.

Strumenti operativi:

1. **Mappatura delle competenze e delle risorse territoriali:** Identificare le competenze e le risorse del territorio, creando una mappa delle imprese, delle istituzioni e delle organizzazioni che operano nel settore di riferimento.

2. **Creazione di reti di collaborazione e di supporto:** Promuovere la creazione di reti di collaborazione e di supporto tra le imprese e le istituzioni del territorio, facilitando la condivisione delle risorse e delle competenze e lo sviluppo di progetti comuni.

3. **Sviluppo di progetti di ricerca e innovazione:** Promuovere lo sviluppo di progetti di ricerca e innovazione che valorizzino le competenze e le risorse del territorio, facilitando la collaborazione tra imprese, università e centri di ricerca.

4. **Promozione e comunicazione del distretto:** Promuovere il distretto attraverso campagne di comunicazione e di sensibilizzazione, valorizzando le competenze e le risorse del territorio e facilitando l'accesso ai mercati nazionali e internazionali.

2. Associazioni di Categoria e Consorzi – Sostenere la Crescita e la Rappresentanza delle Imprese

Le associazioni di categoria e i consorzi rappresentano un modello di rete che supporta le imprese nella crescita e nella rappresentanza, offrendo servizi di consulenza, formazione e assistenza tecnica. Questi modelli di rete sono particolarmente importanti per le piccole imprese, che spesso non hanno le risorse necessarie per accedere ai mercati e per gestire le complessità amministrative e normative.

Obiettivi delle associazioni di categoria e dei consorzi:

- Sostenere la crescita e lo sviluppo delle imprese, offrendo servizi di consulenza, formazione e assistenza tecnica che valorizzino le competenze e le risorse del territorio.

- Promuovere la rappresentanza delle imprese nei confronti delle istituzioni e del mercato, facilitando l'accesso ai finanziamenti e la partecipazione ai progetti di sviluppo.

- Facilitare la condivisione delle risorse e delle competenze tra le imprese, promuovendo la collaborazione e la creazione di reti di supporto e di scambio.

Esempi di successo:

- **"Confartigianato" in Italia:** Un'associazione di categoria che rappresenta le imprese artigiane italiane, offrendo servizi di consulenza, formazione e assistenza tecnica. Confartigianato promuove la crescita e lo sviluppo delle imprese artigiane, valorizzando il sapere e le competenze del territorio e facilitando l'accesso ai mercati nazionali e internazionali.
- **"Consorzio Vino Chianti Classico" in Toscana:** Un consorzio che riunisce i produttori di vino Chianti Classico, promuovendo la qualità e la tutela del prodotto. Il consorzio offre servizi di consulenza e di assistenza tecnica, valorizzando le competenze dei produttori e promuovendo la rappresentanza del settore nei confronti delle istituzioni e del mercato.

Strumenti operativi:

1. **Creazione di un'associazione o di un consorzio di categoria:** Sviluppare un'associazione o un consorzio che rappresenti le imprese del settore, offrendo servizi di consulenza, formazione e assistenza tecnica che valorizzino le competenze e le risorse del territorio.
2. **Offerta di servizi di supporto e di assistenza:** Offrire servizi di supporto e di assistenza che rispondano alle esigenze delle imprese, facilitando l'accesso ai finanziamenti, la partecipazione ai progetti di sviluppo e la gestione delle pratiche amministrative e normative.
3. **Promozione della rappresentanza e del networking:** Promuovere la rappresentanza delle imprese nei confronti delle istituzioni e del mercato, facilitando la creazione di reti di

supporto e di scambio e promuovendo la partecipazione a fiere ed eventi nazionali e internazionali.

4. **Monitoraggio e valutazione dei risultati:** Monitorare e valutare l'impatto dei servizi offerti, raccogliendo feedback e suggerimenti dalle imprese e promuovendo il miglioramento continuo e la condivisione delle buone pratiche.

3. Piattaforme Digitali di Networking e Collaborazione – Connettere le Imprese in un Mondo Digitale

Le piattaforme digitali offrono uno strumento potente per connettere le imprese e per facilitare la collaborazione e lo scambio di informazioni in un mondo sempre più interconnesso. Queste piattaforme permettono di creare reti di networking che superano i confini geografici, promuovendo la condivisione delle risorse e delle competenze a livello locale, nazionale e internazionale.

Obiettivi delle piattaforme digitali di networking e collaborazione:

- Facilitare la condivisione delle informazioni e delle competenze tra le imprese, promuovendo la collaborazione e la creazione di progetti comuni.
- Promuovere la visibilità e la promozione delle imprese, facilitando l'accesso ai mercati digitali e la partecipazione ai progetti di sviluppo.
- Sostenere la crescita e l'innovazione delle imprese, offrendo strumenti di networking e di collaborazione che valorizzino le competenze e le risorse del territorio.

Esempi di successo:

- **"LinkedIn" a livello globale:** Una piattaforma di networking professionale che connette milioni di professionisti e di imprese in tutto il mondo. LinkedIn offre strumenti di networking, di reclutamento e di promozione che facilitano la condivisione delle informazioni e delle competenze e promuovono la crescita e l'innovazione.

- **"Craftspace" nel Regno Unito:** Una piattaforma digitale che connette artigiani e designer, facilitando la condivisione di progetti e di competenze. Craftspace promuove la collaborazione e la visibilità delle imprese artigianali, valorizzando il sapere e le competenze del territorio e facilitando l'accesso ai mercati digitali.

Strumenti operativi:

1. **Sviluppo di una piattaforma digitale di networking:** Creare una piattaforma digitale che connette le imprese e i professionisti del settore, facilitando la condivisione delle informazioni e delle competenze e promuovendo la collaborazione e la creazione di progetti comuni.

2. **Offerta di strumenti di networking e di collaborazione:** Offrire strumenti di networking e di collaborazione che valorizzino le competenze e le risorse delle imprese, facilitando la creazione di reti di supporto e di scambio e promuovendo la partecipazione ai progetti di sviluppo.

3. **Promozione e diffusione delle buone pratiche:** Promuovere e diffondere le buone pratiche di networking e di collaborazione attraverso media tradizionali e digitali, valorizzando l'importanza della condivisione delle risorse e delle competenze e promuovendo la crescita e l'innovazione.

4. **Monitoraggio e valutazione dell'impatto:** Monitorare e valutare l'impatto delle piattaforme digitali di networking e di collaborazione, raccogliendo dati e informazioni sui risultati e promuovendo il miglioramento continuo e la condivisione delle esperienze.

4. Co-working e Spazi Condivisi – Creare Opportunità di Collaborazione e Innovazione

Gli spazi di co-working e i laboratori condivisi offrono un'opportunità straordinaria per promuovere la collaborazione e l'innovazione, facilitando l'incontro tra imprese, professionisti e creativi. Questi spazi offrono risorse e strumenti che facilitano la condivisione delle competenze e la creazione di progetti comuni, promuovendo un modello di sviluppo partecipativo e inclusivo.

Obiettivi del co-working e degli spazi condivisi:

- Facilitare l'incontro e la collaborazione tra imprese, professionisti e creativi, promuovendo la condivisione delle risorse e delle competenze.
- Offrire spazi e strumenti che valorizzino l'innovazione e la creatività, facilitando lo sviluppo di progetti comuni e la sperimentazione di nuove soluzioni.
- Sostenere la crescita e lo sviluppo delle imprese, offrendo supporto economico, formativo e organizzativo che valorizzi le competenze e le risorse del territorio.

Esempi di successo:

- **"WeWork" a livello globale:** Un network di spazi di co-working che offre risorse e strumenti per le start-up e i professionisti, promuovendo la collaborazione e l'innovazione. WeWork facilita l'incontro e la condivisione delle competenze, valorizzando il contributo di ciascuno e promuovendo un modello di sviluppo partecipativo e inclusivo.
- **"Impact Hub" in Italia:** Un network di spazi di co-working che promuove la collaborazione e l'innovazione sociale, facilitando la creazione di progetti comuni e la condivisione delle risorse. Impact Hub valorizza le competenze e le risorse

locali, promuovendo un modello di sviluppo sostenibile e inclusivo.

Strumenti operativi:

1. **Creazione di spazi di co-working e di laboratori condivisi:** Sviluppare spazi di co-working e di laboratori condivisi che offrano risorse e strumenti per le imprese, i professionisti e i creativi, facilitando la condivisione delle competenze e la creazione di progetti comuni.

2. **Offerta di servizi di supporto e di formazione:** Offrire servizi di supporto e di formazione che valorizzino le competenze e le risorse delle imprese e dei professionisti, facilitando lo sviluppo di progetti comuni e la sperimentazione di nuove soluzioni.

3. **Promozione della collaborazione e dell'innovazione:** Promuovere la collaborazione e l'innovazione attraverso eventi, workshop e progetti comuni, valorizzando il contributo di ciascuno e promuovendo un modello di sviluppo partecipativo e inclusivo.

4. **Monitoraggio e valutazione dell'impatto:** Monitorare e valutare l'impatto degli spazi di co-working e dei laboratori condivisi, raccogliendo dati e informazioni sui risultati e promuovendo il miglioramento continuo e la condivisione delle buone pratiche.

CAPITOLO 21: VALORIZZAZIONE DEL PATRIMONIO CULTURALE E ARTIGIANALE – CREARE CONNESSIONI TRA STORIA E INNOVAZIONE

Il patrimonio culturale e artigianale rappresenta un valore inestimabile per i territori, un legame profondo tra tradizione e identità che può essere valorizzato attraverso strategie innovative e progetti che ne promuovano la conoscenza e l'apprezzamento. L'integrazione tra la storia e le nuove tecnologie, tra le tecniche tradizionali e le esigenze contemporanee, può trasformare il patrimonio culturale e artigianale in un motore di sviluppo economico e sociale.

In questo capitolo verranno esplorate le strategie per valorizzare il patrimonio culturale e artigianale del territorio, con esempi di successo e proposte operative per promuovere la conoscenza e la valorizzazione delle tradizioni locali. Verranno presentati progetti che coinvolgono le comunità, le istituzioni e le imprese, favorendo la connessione tra passato e futuro, tra storia e innovazione.

1. Musei dell'Artigianato e Centri di Interpretazione – Preservare e Promuovere le Tradizioni Locali

I musei dell'artigianato e i centri di interpretazione rappresentano un'opportunità straordinaria per preservare e promuovere le tradizioni artigianali e culturali del territorio. Questi spazi offrono un contesto in cui le tecniche e i saperi tradizionali possono essere raccontati, esplorati e reinterpretati, creando un ponte tra il passato e il presente.

Obiettivi dei musei dell'artigianato e dei centri di interpretazione:

- Preservare e promuovere le tradizioni artigianali e culturali del territorio, valorizzando le tecniche e i saperi locali.

- Creare un contesto in cui le tradizioni possono essere reinterpretate e innovare, promuovendo il dialogo tra artigiani, designer e artisti.
- Offrire un'esperienza educativa e coinvolgente per il pubblico, valorizzando il patrimonio culturale e artigianale attraverso percorsi espositivi, laboratori e attività didattiche.

Esempi di successo:

- **"Museo dell'Arte Vetraria Altarese" in Liguria:** Un museo dedicato all'arte del vetro, che valorizza la tradizione vetraria locale attraverso una collezione di opere e manufatti. Il museo promuove la conoscenza e la valorizzazione della tradizione vetraria attraverso esposizioni, laboratori e percorsi didattici, coinvolgendo la comunità locale e i visitatori.
- **"Centro di Interpretazione del Tessile e della Moda" in Francia:** Un centro che valorizza la tradizione tessile e della moda del territorio, offrendo un'esperienza immersiva e coinvolgente. Il centro promuove la conoscenza delle tecniche tradizionali e delle innovazioni contemporanee attraverso esposizioni, workshop e eventi, creando un dialogo tra passato e presente.

Strumenti operativi:

1. **Creazione di un museo o di un centro di interpretazione:** Sviluppare un museo o un centro di interpretazione che valorizzi le tradizioni artigianali e culturali del territorio, offrendo un contesto in cui le tecniche e i saperi locali possono essere raccontati e reinterpretati.
2. **Sviluppo di percorsi espositivi e didattici:** Creare percorsi espositivi e didattici che valorizzino le tecniche e i saperi tradizionali, offrendo un'esperienza educativa e coinvolgente per il pubblico.

3. **Promozione di laboratori e attività interattive:** Offrire laboratori e attività interattive che coinvolgano il pubblico nella scoperta delle tradizioni artigianali e culturali, promuovendo la partecipazione attiva e il dialogo tra artigiani, designer e visitatori.

4. **Coinvolgimento delle comunità locali:** Promuovere il coinvolgimento delle comunità locali nella gestione e nella promozione del museo o del centro di interpretazione, valorizzando il contributo di ciascuno e promuovendo un modello di sviluppo partecipativo e inclusivo.

2. Festival dell'Artigianato e delle Tradizioni – Celebrare la Cultura e la Creatività del Territorio

I festival dell'artigianato e delle tradizioni offrono un'occasione unica per celebrare la cultura e la creatività del territorio, coinvolgendo le comunità locali e i visitatori in un'esperienza autentica e coinvolgente. Questi eventi promuovono la conoscenza e l'apprezzamento delle tradizioni locali, valorizzando il patrimonio culturale e artigianale attraverso esposizioni, laboratori, spettacoli e attività interattive.

Obiettivi dei festival dell'artigianato e delle tradizioni:

- Promuovere la conoscenza e l'apprezzamento delle tradizioni artigianali e culturali del territorio, valorizzando le competenze e le risorse locali.

- Creare un'esperienza coinvolgente e autentica per il pubblico, offrendo l'opportunità di scoprire e sperimentare le tecniche e i saperi tradizionali.

- Favorire la collaborazione tra artigiani, artisti e comunità locali, promuovendo la condivisione delle esperienze e delle competenze e la creazione di progetti comuni.

Esempi di successo:

- **"Fiera dell'Artigianato" a Milano:** Un evento internazionale che valorizza l'artigianato e le tradizioni culturali di tutto il mondo, offrendo un'ampia vetrina di prodotti e manufatti. La fiera promuove la conoscenza e l'apprezzamento delle tradizioni artigianali attraverso esposizioni, laboratori e attività interattive, coinvolgendo artigiani, designer e visitatori.

- **"Festival delle Tradizioni" in Umbria:** Un evento che celebra le tradizioni culturali e artigianali del territorio, coinvolgendo le comunità locali in un'esperienza autentica e coinvolgente. Il festival promuove la conoscenza e la valorizzazione delle tradizioni attraverso spettacoli, laboratori e percorsi tematici, creando un dialogo tra passato e presente.

Strumenti operativi:

1. **Organizzazione di un festival dell'artigianato e delle tradizioni:** Sviluppare un festival che celebri la cultura e la creatività del territorio, coinvolgendo le comunità locali e i visitatori in un'esperienza autentica e coinvolgente.

2. **Creazione di percorsi tematici e attività interattive:** Offrire percorsi tematici e attività interattive che valorizzino le tradizioni artigianali e culturali, offrendo l'opportunità di scoprire e sperimentare le tecniche e i saperi tradizionali.

3. **Promozione della collaborazione tra artigiani, artisti e comunità locali:** Favorire la collaborazione tra artigiani, artisti e comunità locali, promuovendo la condivisione delle esperienze e delle competenze e la creazione di progetti comuni.

4. **Promozione e comunicazione del festival:** Promuovere il festival attraverso media tradizionali e digitali, valorizzando il patrimonio culturale e artigianale del territorio e coinvolgendo un pubblico ampio e diversificato.

3. Turismo Esperienziale e Itinerari Culturali – Scoprire le Tradizioni Attraverso il Viaggio

Il turismo esperienziale e gli itinerari culturali offrono un'opportunità straordinaria per valorizzare il patrimonio culturale e artigianale del territorio, promuovendo la conoscenza e l'apprezzamento delle tradizioni locali attraverso il viaggio e l'esperienza diretta. Questi percorsi permettono ai visitatori di scoprire e di sperimentare le tecniche e i saperi tradizionali, creando un legame profondo tra la cultura locale e l'esperienza turistica.

Obiettivi del turismo esperienziale e degli itinerari culturali:

- Promuovere la conoscenza e l'apprezzamento delle tradizioni culturali e artigianali del territorio, valorizzando il patrimonio culturale attraverso l'esperienza diretta.
- Offrire un'esperienza autentica e coinvolgente per i visitatori, creando un legame profondo tra la cultura locale e l'esperienza turistica.
- Favorire lo sviluppo economico e sociale del territorio, promuovendo il turismo sostenibile e la valorizzazione delle risorse locali.

Esempi di successo:

- **"Strada del Vino e dei Sapori" in Toscana:** Un itinerario enogastronomico che valorizza la tradizione vinicola e culinaria della Toscana, offrendo ai visitatori l'opportunità di scoprire i sapori e le tradizioni locali attraverso visite guidate, degustazioni e laboratori. L'itinerario promuove il turismo sostenibile e la valorizzazione delle risorse locali, creando un'esperienza autentica e coinvolgente.
- **"Cammino dei Mestieri" in Alto Adige:** Un itinerario culturale che valorizza le tradizioni artigianali del territorio, offrendo ai visitatori l'opportunità di scoprire e di

sperimentare le tecniche tradizionali attraverso visite guidate e laboratori. L'itinerario promuove la conoscenza e l'apprezzamento delle tradizioni locali, creando un legame profondo tra la cultura e l'esperienza turistica.

Strumenti operativi:

1. **Sviluppo di itinerari culturali e di percorsi tematici:** Creare itinerari culturali e percorsi tematici che valorizzino le tradizioni artigianali e culturali del territorio, offrendo un'esperienza autentica e coinvolgente per i visitatori.

2. **Offerta di esperienze e attività interattive:** Offrire esperienze e attività interattive che permettano ai visitatori di scoprire e di sperimentare le tecniche e i saperi tradizionali, creando un legame profondo tra la cultura locale e l'esperienza turistica.

3. **Coinvolgimento delle comunità locali:** Promuovere il coinvolgimento delle comunità locali nello sviluppo e nella gestione degli itinerari culturali, valorizzando il contributo di ciascuno e promuovendo un modello di sviluppo partecipativo e inclusivo.

4. **Promozione e comunicazione degli itinerari:** Promuovere gli itinerari culturali attraverso media tradizionali e digitali, valorizzando il patrimonio culturale e artigianale del territorio e coinvolgendo un pubblico ampio e diversificato.

4. Artigianato Contemporaneo e Design – Innovare e Reinterpretare le Tradizioni

L'artigianato contemporaneo e il design rappresentano un'opportunità straordinaria per innovare e reinterpretare le tradizioni artigianali, creando prodotti e manufatti che uniscono il sapere tradizionale alle esigenze del mercato contemporaneo. Questi progetti promuovono il dialogo tra artigiani e designer, favorendo la sperimentazione e l'innovazione, e valorizzando il patrimonio culturale attraverso nuove forme e linguaggi.

Obiettivi dell'artigianato contemporaneo e del design:

- Innovare e reinterpretare le tradizioni artigianali, creando prodotti e manufatti che uniscono il sapere tradizionale alle esigenze del mercato contemporaneo.
- Promuovere il dialogo e la collaborazione tra artigiani e designer, facilitando la sperimentazione e l'innovazione e valorizzando le competenze e le risorse locali.
- Creare un'immagine contemporanea e innovativa dell'artigianato, valorizzando la qualità e la creatività dei prodotti e promuovendo l'accesso ai mercati nazionali e internazionali.

Esempi di successo:

- **"Made in Cloister" a Napoli:** Un progetto che valorizza l'artigianato tradizionale napoletano attraverso la collaborazione con designer e artisti contemporanei. Il progetto promuove il dialogo tra tradizione e innovazione, creando manufatti che reinterpretano le tecniche e i saperi tradizionali attraverso nuovi linguaggi e forme espressive.
- **"Slow Wood" in Italia:** Un progetto che valorizza la lavorazione artigianale del legno attraverso la collaborazione con designer e architetti. Slow Wood promuove la qualità e la sostenibilità della lavorazione del legno, creando prodotti che uniscono il sapere tradizionale alle esigenze del mercato contemporaneo.

Strumenti operativi:

1. **Creazione di progetti di collaborazione tra artigiani e designer:** Sviluppare progetti di collaborazione che uniscano artigiani e designer, facilitando la sperimentazione e l'innovazione e valorizzando le competenze e le risorse locali.

2. **Promozione dell'artigianato contemporaneo e del design:** Promuovere l'artigianato contemporaneo e il design attraverso esposizioni, eventi e progetti comuni, valorizzando il dialogo tra tradizione e innovazione e promuovendo l'accesso ai mercati nazionali e internazionali.

3. **Sviluppo di prodotti e manufatti innovativi:** Creare prodotti e manufatti che reinterpretano le tradizioni artigianali attraverso nuovi linguaggi e forme espressive, valorizzando la qualità e la creatività dei prodotti e rispondendo alle esigenze del mercato contemporaneo.

4. **Promozione e comunicazione dei progetti:** Promuovere i progetti di artigianato contemporaneo e di design attraverso media tradizionali e digitali, valorizzando il patrimonio culturale e artigianale del territorio e coinvolgendo un pubblico ampio e diversificato.

CAPITOLO 22: L'INNOVAZIONE SOCIALE NELL'ARTIGIANATO E NEI SERVIZI LOCALI – CREARE VALORE E INCLUSIONE PER TUTTI

L'innovazione sociale rappresenta un'opportunità unica per le imprese artigianali e di servizi locali di affrontare le sfide sociali e ambientali contemporanee, creando valore non solo per gli imprenditori, ma anche per le comunità e per l'ambiente. Questa forma di innovazione mira a sviluppare soluzioni creative e sostenibili che rispondano a bisogni sociali, promuovendo l'inclusione, la partecipazione e il benessere collettivo.

In questo capitolo, esploreremo le diverse dimensioni dell'innovazione sociale nell'artigianato e nei servizi locali, con esempi di iniziative e progetti che hanno avuto un impatto positivo. Verranno presentate strategie e strumenti operativi per integrare l'innovazione sociale nelle pratiche quotidiane delle imprese e per promuovere un modello di sviluppo inclusivo e sostenibile.

1. Definire l'Innovazione Sociale – Un Nuovo Paradigma per l'Artigianato e i Servizi Locali

L'innovazione sociale si riferisce a nuovi modelli, prodotti o processi che affrontano sfide sociali e migliorano il benessere delle comunità. Essa può manifestarsi in vari ambiti, dall'educazione alla salute, dalla cultura all'ambiente, e può contribuire a creare un impatto positivo in diverse aree, inclusa l'economia locale.

Obiettivi dell'innovazione sociale:

- Creare soluzioni innovative che rispondano a bisogni sociali e ambientali, promuovendo l'inclusione e la partecipazione delle comunità.

- Valorizzare le competenze e le risorse locali, creando opportunità di lavoro e crescita per le imprese e i professionisti del territorio.
- Favorire la sostenibilità ambientale e sociale, sviluppando pratiche e processi che rispettino le risorse e il benessere delle persone.

Esempi di successo:

- **"Ecovillage" in Danimarca:** Un progetto che promuove la sostenibilità ambientale e sociale attraverso la creazione di comunità autonome e resilienti. L'ecovillage integra pratiche di agricoltura sostenibile, edilizia ecologica e collaborazione sociale, creando un modello di sviluppo inclusivo e responsabile.
- **"Artigianato per l'Inclusione" in Italia:** Un progetto che coinvolge artigiani e persone in situazione di svantaggio, offrendo opportunità di formazione e lavoro nel settore artigianale. Il progetto promuove l'inclusione sociale e la valorizzazione delle competenze, creando un impatto positivo sulle comunità locali.

Strumenti operativi:

1. **Identificazione dei bisogni sociali:** Mappare i bisogni sociali e ambientali delle comunità locali, coinvolgendo i cittadini e le organizzazioni del territorio nella definizione delle priorità e degli obiettivi.
2. **Sviluppo di progetti di innovazione sociale:** Creare progetti che rispondano ai bisogni sociali e ambientali identificati, valorizzando le competenze e le risorse del territorio e promuovendo la collaborazione tra le imprese, le istituzioni e le comunità locali.
3. **Promozione della partecipazione e della collaborazione:** Favorire la partecipazione attiva delle comunità nella gestione

e nella promozione dei progetti, valorizzando il contributo di ciascuno e promuovendo un modello di sviluppo partecipativo e inclusivo.

4. **Monitoraggio e valutazione dell'impatto sociale:** Monitorare e valutare l'impatto sociale dei progetti di innovazione sociale, raccogliendo dati e informazioni sui risultati e promuovendo la condivisione delle buone pratiche e delle esperienze di successo.

2. Pratiche di Inclusione Sociale nell'Artigianato e nei Servizi – Creare Opportunità per Tutti

Le pratiche di inclusione sociale mirano a garantire che tutti i membri della comunità, indipendentemente dalle loro condizioni socio-economiche, abbiano accesso a opportunità di lavoro e di crescita. Nell'ambito dell'artigianato e dei servizi locali, l'inclusione sociale può essere promossa attraverso progetti che coinvolgono persone svantaggiate, migranti, disoccupati e altre categorie vulnerabili.

Obiettivi delle pratiche di inclusione sociale:

- Offrire opportunità di formazione e lavoro a persone svantaggiate, promuovendo la loro autonomia e il loro benessere.
- Valorizzare le competenze e le risorse delle persone svantaggiate, creando un impatto positivo sulle comunità e sull'economia locale.
- Favorire l'integrazione sociale e culturale, promuovendo il dialogo e la collaborazione tra diverse comunità e culture.

Esempi di successo:

- **"Laboratori di Sviluppo" in Spagna:** Un progetto che offre formazione e opportunità di lavoro a persone in situazione di svantaggio, coinvolgendole nella produzione di prodotti artigianali e nel settore dei servizi. Il progetto promuove l'inclusione sociale e la valorizzazione delle competenze, creando un impatto positivo sulle comunità locali.

- **"Artigiani per il Futuro" in Italia:** Un'iniziativa che coinvolge giovani e disoccupati in percorsi di formazione e lavoro nel settore dell'artigianato, promuovendo l'inclusione sociale e la valorizzazione delle competenze. Il progetto offre opportunità di apprendimento e di crescita, creando un legame tra le nuove generazioni e il patrimonio artigianale.

Strumenti operativi:

1. **Creazione di percorsi di formazione e lavoro:** Sviluppare percorsi di formazione e lavoro che coinvolgano persone svantaggiate, promuovendo l'acquisizione di competenze e la creazione di opportunità di lavoro nel settore artigianale e dei servizi.

2. **Promozione della collaborazione tra imprese e organizzazioni:** Favorire la collaborazione tra imprese, associazioni e organizzazioni che lavorano nel campo dell'inclusione sociale, creando reti di supporto e di scambio che valorizzino le competenze e le risorse del territorio.

3. **Sviluppo di progetti di sensibilizzazione e promozione:** Promuovere progetti di sensibilizzazione e promozione che valorizzino l'inclusione sociale e la diversità, creando un impatto positivo sulle comunità e sull'economia locale.

4. **Monitoraggio e valutazione dell'impatto sociale:** Monitorare e valutare l'impatto delle pratiche di inclusione sociale, raccogliendo dati e informazioni sui risultati e promuovendo la condivisione delle buone pratiche e delle esperienze di successo.

3. Progetti di Sostenibilità Ambientale e Sociale – Creare un Impatto Positivo sul Territorio

I progetti di sostenibilità ambientale e sociale mirano a promuovere pratiche e processi che rispettino l'ambiente e che abbiano un impatto positivo sulle comunità. Questi progetti possono assumere forme diverse, dalla valorizzazione delle risorse naturali alla promozione di pratiche sostenibili, dall'educazione ambientale alla creazione di spazi verdi e comunitari.

Obiettivi dei progetti di sostenibilità ambientale e sociale:

- Promuovere pratiche sostenibili che riducano l'impatto ambientale delle attività produttive e che valorizzino le risorse naturali.
- Creare spazi verdi e comunitari che favoriscano l'integrazione sociale e la partecipazione attiva delle comunità.
- Sviluppare percorsi di educazione e sensibilizzazione che promuovano la sostenibilità e la responsabilità ambientale.

Esempi di successo:

- **"Green Spaces" nel Regno Unito:** Un progetto che promuove la creazione e la gestione di spazi verdi e comunitari nelle città, favorendo l'integrazione sociale e la partecipazione attiva delle comunità. Il progetto offre opportunità di apprendimento e di crescita, creando un impatto positivo sull'ambiente e sulle comunità locali.
- **"Sostenibilità per Tutti" in Italia:** Un'iniziativa che coinvolge le comunità nella promozione di pratiche sostenibili e nella valorizzazione delle risorse naturali, offrendo percorsi di educazione e sensibilizzazione. Il progetto promuove la sostenibilità e la responsabilità ambientale, creando un legame tra le comunità e il territorio.

Strumenti operativi:

1. **Sviluppo di progetti di sostenibilità ambientale e sociale:** Creare progetti che promuovano pratiche sostenibili e che abbiano un impatto positivo sulle comunità e sull'ambiente, valorizzando le competenze e le risorse del territorio.

2. **Promozione di iniziative di educazione e sensibilizzazione:** Offrire percorsi di educazione e sensibilizzazione che promuovano la sostenibilità e la responsabilità ambientale, creando un impatto positivo sulle comunità e sull'economia locale.

3. **Creazione di spazi verdi e comunitari:** Sviluppare spazi verdi e comunitari che favoriscano l'integrazione sociale e la partecipazione attiva delle comunità, creando un legame tra le persone e il territorio.

4. **Monitoraggio e valutazione dell'impatto sociale e ambientale:** Monitorare e valutare l'impatto dei progetti di sostenibilità ambientale e sociale, raccogliendo dati e informazioni sui risultati e promuovendo la condivisione delle buone pratiche e delle esperienze di successo.

4. Creare Reti di Innovazione Sociale – Collaborare per un Futuro Inclusivo

La creazione di reti di innovazione sociale rappresenta un'opportunità straordinaria per le imprese artigianali e di servizi locali di affrontare le sfide sociali e ambientali, collaborando con altri attori del territorio per sviluppare soluzioni creative e sostenibili. Queste reti possono favorire la condivisione delle conoscenze, delle esperienze e delle risorse, promuovendo la creazione di un impatto positivo sulle comunità e sull'ambiente.

Obiettivi delle reti di innovazione sociale:

- Promuovere la collaborazione e il supporto reciproco tra le imprese, le istituzioni e le comunità locali, facilitando la creazione di progetti comuni e la condivisione delle risorse.
- Valorizzare le competenze e le risorse del territorio, creando opportunità di lavoro e crescita per le imprese e i professionisti.
- Favorire la sostenibilità ambientale e sociale, sviluppando pratiche e processi che rispettino le risorse e il benessere delle persone.

Esempi di successo:

- **"Social Innovation Lab" in Svezia:** Un laboratorio che promuove la collaborazione tra imprese, istituzioni e organizzazioni non profit, favorendo lo sviluppo di progetti di innovazione sociale che rispondano a bisogni sociali e ambientali. Il laboratorio valorizza le competenze e le risorse locali, creando un impatto positivo sulle comunità.
- **"Rete per l'Innovazione Sociale" in Italia:** Un'iniziativa che riunisce imprese, istituzioni e organizzazioni che lavorano nel campo dell'innovazione sociale, promuovendo la condivisione delle esperienze e delle competenze. La rete facilita lo sviluppo di progetti comuni e la creazione di opportunità di collaborazione e di scambio.

Strumenti operativi:

1. **Creazione di reti di innovazione sociale:** Sviluppare reti che riuniscano imprese, istituzioni e organizzazioni non profit che lavorano nel campo dell'innovazione sociale, facilitando la condivisione delle esperienze e delle competenze.
2. **Promozione della collaborazione e della partecipazione:** Favorire la collaborazione e la partecipazione attiva delle

comunità nella gestione e nella promozione dei progetti di innovazione sociale, valorizzando il contributo di ciascuno e promuovendo un modello di sviluppo partecipativo e inclusivo.

3. **Monitoraggio e valutazione dell'impatto sociale:** Monitorare e valutare l'impatto sociale delle reti di innovazione sociale, raccogliendo dati e informazioni sui risultati e promuovendo la condivisione delle buone pratiche e delle esperienze di successo.

CAPITOLO 23: FORMAZIONE E AGGIORNAMENTO PROFESSIONALE – INVESTIRE NEL FUTURO DELLE COMPETENZE ARTIGIANALI

La formazione e l'aggiornamento professionale sono fondamentali per garantire la crescita e la sostenibilità delle imprese artigianali e dei servizi locali. In un mondo in continua evoluzione, caratterizzato da rapide trasformazioni tecnologiche e cambiamenti nei gusti e nelle esigenze dei consumatori, è essenziale che gli artigiani e i professionisti del settore siano costantemente aggiornati e preparati ad affrontare le sfide del mercato.

In questo capitolo, esploreremo l'importanza della formazione e dell'aggiornamento professionale nell'artigianato e nei servizi locali, con esempi di iniziative e programmi di successo. Verranno presentati modelli di formazione innovativi e strategie per promuovere lo sviluppo delle competenze e la valorizzazione del patrimonio artigianale.

1. L'Importanza della Formazione Continua – Adattarsi ai Cambiamenti del Mercato

La formazione continua rappresenta un elemento chiave per garantire che le imprese artigianali e di servizi locali possano adattarsi ai cambiamenti del mercato e soddisfare le nuove esigenze dei consumatori. Investire nella formazione significa non solo migliorare le competenze tecniche e professionali, ma anche favorire l'innovazione e la competitività delle imprese.

Obiettivi della formazione continua:

- Migliorare le competenze tecniche e professionali degli artigiani e dei professionisti del settore, favorendo l'adozione di pratiche innovative e sostenibili.
- Promuovere l'adattamento delle imprese ai cambiamenti del mercato, sviluppando strategie che rispondano alle nuove esigenze dei consumatori e alle sfide ambientali.
- Valorizzare il patrimonio artigianale, garantendo che le tradizioni e le tecniche locali vengano trasmesse alle nuove generazioni.

Esempi di successo:

- **"Scuola di Arte e Mestieri" a Torino:** Un istituto che offre corsi di formazione e aggiornamento per artigiani e professionisti del settore, promuovendo l'acquisizione di competenze tecniche e trasversali. La scuola offre percorsi di formazione che combinano teoria e pratica, valorizzando il sapere artigianale e le tecniche locali.
- **"Academy of Craft" in Danimarca:** Un programma di formazione che promuove l'innovazione e la sostenibilità nel settore dell'artigianato, offrendo corsi di aggiornamento su nuove tecnologie e pratiche sostenibili. Il programma coinvolge artigiani, designer e professionisti, creando un impatto positivo sulle competenze e sulle pratiche del settore.

Strumenti operativi:

1. **Sviluppo di programmi di formazione continua:** Creare programmi di formazione continua che rispondano alle esigenze del mercato e promuovano l'acquisizione di competenze tecniche e trasversali.
2. **Collaborazione con istituzioni educative:** Promuovere la collaborazione tra imprese e istituzioni educative, facilitando

la creazione di corsi di formazione e percorsi di apprendimento che valorizzino le competenze e le risorse del territorio.

3. **Promozione di corsi di aggiornamento e specializzazione:** Offrire corsi di aggiornamento e specializzazione su temi specifici, come l'innovazione, la sostenibilità e il marketing digitale, che valorizzino le competenze e le risorse delle imprese.

4. **Monitoraggio e valutazione dei risultati:** Monitorare e valutare i risultati dei programmi di formazione continua, raccogliendo dati e informazioni sui risultati e promuovendo la condivisione delle buone pratiche e delle esperienze di successo.

2. Formazione Pratica e Apprendistato – Trasmettere il Sapere Artigianale

La formazione pratica e l'apprendistato rappresentano modalità efficaci per trasmettere il sapere artigianale e per garantire il ricambio generazionale nel settore. Questi percorsi offrono l'opportunità di apprendere direttamente sul campo, sviluppando competenze pratiche e conoscenze specifiche che non possono essere acquisite attraverso la formazione teorica.

Obiettivi della formazione pratica e dell'apprendistato:

- Offrire ai giovani l'opportunità di apprendere direttamente dai maestri artigiani e dai tecnici esperti, sviluppando competenze pratiche e conoscenze specifiche.
- Favorire la trasmissione del sapere artigianale e la valorizzazione delle competenze tradizionali, promuovendo un legame tra le nuove generazioni e il patrimonio culturale e artigianale.

- Creare opportunità di lavoro e crescita per i giovani, promuovendo la loro integrazione nel mondo del lavoro e la loro autonomia.

Esempi di successo:

- **"Programma di Apprendistato Artigianale" in Germania:** Un'iniziativa che promuove la formazione pratica e l'apprendistato nel settore artigianale, coinvolgendo maestri artigiani e giovani apprendisti. Il programma offre corsi di formazione e opportunità di lavoro, valorizzando il sapere artigianale e le tecniche tradizionali.
- **"Laboratorio di Mestieri" in Italia:** Un progetto che offre opportunità di apprendistato e di formazione pratica per giovani interessati ai mestieri artigianali. Il laboratorio promuove la trasmissione del sapere e la valorizzazione delle competenze locali, creando opportunità di lavoro e crescita per i partecipanti.

Strumenti operativi:

1. **Creazione di percorsi di apprendistato e formazione pratica:** Sviluppare percorsi di apprendistato e formazione pratica che coinvolgano i giovani e i maestri artigiani, promuovendo la trasmissione del sapere e la valorizzazione delle competenze tradizionali.
2. **Promozione della collaborazione tra imprese e scuole:** Favorire la collaborazione tra imprese e scuole, facilitando la creazione di percorsi di apprendistato e di stage che valorizzino il legame tra scuola e lavoro.
3. **Offerta di supporto e consulenza per gli apprendisti:** Offrire supporto e consulenza per gli apprendisti e i maestri artigiani, facilitando la gestione delle pratiche amministrative e promuovendo un'esperienza di apprendimento positiva e significativa.

4. **Monitoraggio e valutazione dell'impatto dell'apprendistato:** Monitorare e valutare l'impatto dei percorsi di apprendistato e formazione pratica, raccogliendo dati e informazioni sui risultati e promuovendo la condivisione delle buone pratiche e delle esperienze di successo.

3. Innovazione Didattica e Nuove Tecnologie nella Formazione – Sfruttare le Opportunità Digitali

L'innovazione didattica e l'uso delle nuove tecnologie nella formazione offrono opportunità straordinarie per migliorare l'efficacia dei percorsi formativi e per rendere l'apprendimento più accessibile e coinvolgente. L'integrazione delle tecnologie digitali nella formazione può favorire la personalizzazione dei percorsi di apprendimento e l'interazione tra docenti e discenti.

Obiettivi dell'innovazione didattica e delle nuove tecnologie:

- Sfruttare le opportunità offerte dalle tecnologie digitali per migliorare l'efficacia e l'accessibilità dei percorsi formativi, valorizzando l'apprendimento esperienziale e interattivo.
- Promuovere la personalizzazione dei percorsi di apprendimento, offrendo strumenti e risorse che rispondano alle esigenze e agli interessi dei discenti.
- Facilitare l'interazione e la collaborazione tra docenti e discenti, creando un ambiente di apprendimento stimolante e coinvolgente.

Esempi di successo:

- **"Piattaforme di Formazione Online" come Coursera e Udemy:** Offrono corsi di formazione su vari temi, permettendo agli utenti di accedere a risorse e strumenti di apprendimento a distanza. Queste piattaforme valorizzano l'apprendimento esperienziale e interattivo, promuovendo la personalizzazione dei percorsi di apprendimento.

- **"Maker Spaces" nelle scuole e nelle comunità:** Spazi dedicati all'apprendimento pratico e alla sperimentazione, che offrono risorse e strumenti per la creazione e la produzione. I maker spaces promuovono l'innovazione didattica e l'uso delle nuove tecnologie, facilitando l'interazione e la collaborazione tra discenti e docenti.

Strumenti operativi:

1. **Sviluppo di corsi di formazione online e risorse digitali:** Creare corsi di formazione online e risorse digitali che valorizzino l'apprendimento esperienziale e interattivo, offrendo opportunità di apprendimento accessibili e coinvolgenti.

2. **Promozione dell'uso delle tecnologie digitali nella formazione:** Favorire l'uso delle tecnologie digitali nella formazione, offrendo strumenti e risorse che supportino la personalizzazione dei percorsi di apprendimento e l'interazione tra docenti e discenti.

3. **Creazione di maker spaces e laboratori di innovazione:** Sviluppare maker spaces e laboratori di innovazione che offrano risorse e strumenti per la creazione e la produzione, promuovendo l'innovazione didattica e l'apprendimento pratico.

4. **Monitoraggio e valutazione dei risultati della formazione innovativa:** Monitorare e valutare i risultati dei corsi di formazione online e delle iniziative di innovazione didattica, raccogliendo dati e informazioni sui risultati e promuovendo la condivisione delle buone pratiche e delle esperienze di successo.

4. Creazione di una Cultura della Formazione – Valorizzare l'Apprendimento e la Crescita

La creazione di una cultura della formazione è essenziale per garantire che le imprese artigianali e di servizi locali possano adattarsi ai cambiamenti del mercato e soddisfare le nuove esigenze dei consumatori. Investire nella formazione e nell'aggiornamento professionale significa promuovere un ambiente di apprendimento continuo che valorizzi le competenze e le risorse locali.

Obiettivi della cultura della formazione:

- Promuovere un ambiente di apprendimento continuo che valorizzi le competenze e le risorse locali, garantendo che le imprese possano adattarsi ai cambiamenti del mercato.
- Sostenere la crescita e lo sviluppo delle imprese, creando opportunità di apprendimento e di crescita per gli artigiani e i professionisti del settore.
- Valorizzare il patrimonio artigianale e le competenze locali, garantendo che le tradizioni e le tecniche vengano trasmesse alle nuove generazioni.

Esempi di successo:

- **"Programmi di Formazione Continua" in Giappone:** Un modello che promuove la formazione continua e l'aggiornamento professionale nel settore artigianale, valorizzando le competenze e le risorse locali. Il programma promuove una cultura della formazione che valorizza il sapere artigianale e le tecniche tradizionali.
- **"Scuole di Formazione per Artigiani" in Svizzera:** Un sistema educativo che promuove la formazione e l'aggiornamento professionale per gli artigiani, creando un ambiente di apprendimento continuo che valorizza le competenze e le risorse locali.

Strumenti operativi:

1. **Promozione di programmi di formazione continua:**
   Creare programmi di formazione continua che rispondano
   alle esigenze del mercato e promuovano l'acquisizione di
   competenze tecniche e trasversali.

2. **Sviluppo di iniziative di sensibilizzazione e promozione
   della formazione:** Promuovere iniziative di sensibilizzazione
   e promozione della formazione che valorizzino l'importanza
   dell'apprendimento e della crescita professionale.

3. **Creazione di una rete di collaborazioni e di supporto:**
   Sviluppare una rete di collaborazioni e di supporto tra
   imprese, istituzioni e organizzazioni del territorio che
   promuovano la formazione e l'aggiornamento professionale.

4. **Monitoraggio e valutazione dei risultati:** Monitorare e
   valutare i risultati delle iniziative di formazione, raccogliendo
   dati e informazioni sui risultati e promuovendo la
   condivisione delle buone pratiche e delle esperienze di
   successo.

CAPITOLO 24: SOSTENIBILITÀ ECONOMICA PER LE PICCOLE IMPRESE ARTIGIANALI – STRATEGIE PER UN FUTURO SOSTENIBILE

La sostenibilità economica è fondamentale per la sopravvivenza e la crescita delle piccole imprese artigianali e di servizi locali. In un contesto economico sempre più competitivo, è essenziale sviluppare strategie che non solo garantiscano la redditività, ma che promuovano anche un modello di sviluppo sostenibile e responsabile. Questo capitolo si propone di esplorare le pratiche e le strategie per garantire la sostenibilità economica delle piccole imprese, attraverso la gestione delle risorse, l'innovazione e l'ottimizzazione dei processi.

1. Analisi dei Costi e Ottimizzazione delle Risorse – Rendere le Imprese più Competitive

L'analisi dei costi e l'ottimizzazione delle risorse sono strumenti essenziali per garantire la sostenibilità economica delle piccole imprese. Comprendere i costi operativi e identificare le aree di inefficienza può aiutare le imprese a migliorare la propria redditività e a ottimizzare l'utilizzo delle risorse.

Obiettivi dell'analisi dei costi e dell'ottimizzazione delle risorse:

- Identificare e ridurre i costi operativi, migliorando l'efficienza e la competitività delle imprese.
- Ottimizzare l'utilizzo delle risorse, promuovendo pratiche sostenibili e riducendo gli sprechi.
- Sviluppare strategie per migliorare la redditività e la sostenibilità economica delle imprese.

Esempi di successo:

- **"Lean Management" in Giappone:** Un approccio che mira a migliorare l'efficienza e a ridurre i costi operativi, promuovendo l'ottimizzazione dei processi e la riduzione degli sprechi. Questo modello ha dimostrato di aumentare la competitività delle imprese e di migliorare la loro sostenibilità economica.

- **"Analisi dei Costi Energetici" in Italia:** Iniziative che aiutano le piccole imprese a identificare e ridurre i costi energetici attraverso l'ottimizzazione dei processi produttivi e l'adozione di tecnologie sostenibili. Questi progetti hanno portato a un miglioramento della redditività e alla promozione di pratiche sostenibili.

Strumenti operativi:

1. **Implementazione di sistemi di analisi dei costi:** Sviluppare sistemi di analisi dei costi che consentano alle imprese di monitorare e valutare i propri costi operativi, identificando le aree di inefficienza e le opportunità di ottimizzazione.

2. **Promozione di pratiche di gestione sostenibile:** Favorire l'adozione di pratiche di gestione sostenibile che riducano gli sprechi e ottimizzino l'utilizzo delle risorse, migliorando la competitività delle imprese.

3. **Sviluppo di piani di azione per l'ottimizzazione delle risorse:** Creare piani di azione che delineino strategie specifiche per l'ottimizzazione delle risorse e la riduzione dei costi operativi, favorendo la sostenibilità economica delle imprese.

4. **Monitoraggio e valutazione dei risultati:** Monitorare e valutare i risultati delle strategie di analisi dei costi e ottimizzazione delle risorse, raccogliendo dati e informazioni

sui risultati e promuovendo la condivisione delle buone pratiche.

2. Innovazione e Sviluppo di Nuovi Prodotti e Servizi – Adattarsi alle Esigenze del Mercato

L'innovazione è un fattore chiave per garantire la sostenibilità economica delle piccole imprese artigianali e di servizi. Sviluppare nuovi prodotti e servizi che rispondano alle esigenze del mercato può contribuire a migliorare la competitività e a creare nuove opportunità di crescita.

Obiettivi dell'innovazione e sviluppo di nuovi prodotti:

- Promuovere l'innovazione come strumento per migliorare la competitività delle imprese e soddisfare le nuove esigenze dei consumatori.
- Creare nuovi prodotti e servizi che rispondano alle tendenze del mercato, valorizzando le competenze e le risorse locali.
- Favorire la collaborazione tra artigiani, designer e imprenditori, creando sinergie e opportunità di sviluppo.

Esempi di successo:

- **"Design Thinking" in Italia:** Un approccio innovativo che promuove la creatività e la collaborazione per lo sviluppo di nuovi prodotti e servizi. Questo metodo ha permesso a molte piccole imprese di adattarsi alle esigenze del mercato e di migliorare la propria competitività.
- **"Prodotti Sostenibili" in Danimarca:** Iniziative che hanno sviluppato nuovi prodotti sostenibili utilizzando materiali locali e tecniche tradizionali. Questi progetti hanno non solo migliorato la competitività delle imprese, ma hanno anche contribuito alla sostenibilità ambientale.

Strumenti operativi:

1. **Promozione dell'innovazione e della creatività:** Creare spazi e occasioni per promuovere l'innovazione e la creatività, facilitando la collaborazione tra artigiani, designer e imprenditori.

2. **Sviluppo di programmi di ricerca e sviluppo:** Offrire supporto per la creazione di programmi di ricerca e sviluppo che valorizzino le competenze e le risorse locali, creando nuovi prodotti e servizi che rispondano alle esigenze del mercato.

3. **Incentivi per l'innovazione:** Promuovere incentivi per le imprese che investono in innovazione e sviluppo di nuovi prodotti e servizi, creando un ambiente favorevole alla creatività e alla sperimentazione.

4. **Monitoraggio e valutazione dei risultati:** Monitorare e valutare i risultati delle iniziative di innovazione e sviluppo di nuovi prodotti, raccogliendo dati e informazioni sui risultati e promuovendo la condivisione delle buone pratiche.

3. Marketing e Comunicazione – Valorizzare il Territorio e le Competenze Artigianali

Il marketing e la comunicazione rappresentano strumenti fondamentali per promuovere le piccole imprese artigianali e di servizi locali, valorizzando il territorio e le competenze artigianali. Creare una strategia di marketing efficace può aiutare a migliorare la visibilità delle imprese e a raggiungere nuovi mercati.

Obiettivi del marketing e della comunicazione:

*   Valorizzare il territorio e le competenze artigianali, creando un'immagine positiva e distintiva delle imprese.

*   Promuovere i prodotti e i servizi delle piccole imprese, raggiungendo nuovi mercati e migliorando la visibilità.

- Favorire la fidelizzazione dei clienti e il coinvolgimento della comunità, creando un legame tra le imprese e il territorio.

Esempi di successo:

- **"Made in Italy" come marchio di qualità:** Un'iniziativa che valorizza l'artigianato e i prodotti italiani, creando un'immagine positiva e distintiva per le piccole imprese. Il marchio promuove la qualità e l'autenticità dei prodotti, migliorando la visibilità e la competitività delle imprese.
- **"Mercati Locali" in Francia:** Iniziative che promuovono i mercati locali e i produttori artigianali, valorizzando le competenze e le risorse del territorio. Questi eventi creano opportunità di visibilità e promozione per le piccole imprese, coinvolgendo la comunità e promuovendo il consumo responsabile.

Strumenti operativi:

1. **Sviluppo di una strategia di marketing e comunicazione:** Creare una strategia di marketing e comunicazione che valorizzi il territorio e le competenze artigianali, promuovendo i prodotti e i servizi delle piccole imprese.
2. **Utilizzo dei social media e delle piattaforme digitali:** Promuovere l'uso dei social media e delle piattaforme digitali per aumentare la visibilità delle imprese e raggiungere nuovi mercati, creando una comunicazione diretta e coinvolgente con i clienti.
3. **Organizzazione di eventi e iniziative di promozione:** Sviluppare eventi e iniziative di promozione che valorizzino il territorio e le competenze artigianali, creando opportunità di visibilità e coinvolgimento della comunità.
4. **Monitoraggio e valutazione dei risultati delle strategie di marketing:** Monitorare e valutare i risultati delle strategie di marketing e comunicazione, raccogliendo dati e informazioni

sui risultati e promuovendo la condivisione delle buone pratiche.

4. Collaborazione tra Enti Pubblici e Privati – Creare Sinergie per Sostenere le Piccole Imprese

La collaborazione tra enti pubblici e privati è essenziale per garantire la sostenibilità economica delle piccole imprese artigianali e di servizi. Creare sinergie tra i diversi attori del territorio può contribuire a sviluppare progetti e iniziative che valorizzino le competenze e le risorse locali, promuovendo la crescita e l'innovazione.

Obiettivi della collaborazione tra enti pubblici e privati:

- Sviluppare progetti e iniziative comuni che rispondano alle esigenze delle piccole imprese e delle comunità locali.
- Promuovere la condivisione delle risorse e delle competenze tra enti pubblici e privati, creando un impatto positivo sull'economia locale.
- Favorire la partecipazione attiva delle comunità nella gestione e nella promozione dei progetti, valorizzando il contributo di ciascuno.

Esempi di successo:

- **"Progetti di Sviluppo Territoriale" in Italia:** Iniziative che coinvolgono enti pubblici e privati nella creazione di progetti di sviluppo territoriale, promuovendo la valorizzazione delle competenze e delle risorse locali. Questi progetti hanno dimostrato di creare sinergie e opportunità di crescita per le piccole imprese.
- **"Iniziative di Innovazione Sociale" in Svezia:** Progetti che coinvolgono enti pubblici, aziende e organizzazioni non profit nella creazione di iniziative di innovazione sociale, favorendo la collaborazione e la condivisione delle risorse. Questi

progetti hanno creato un impatto positivo sulle comunità e sull'economia locale.

Strumenti operativi:

1. **Creazione di tavoli di lavoro tra enti pubblici e privati:** Sviluppare tavoli di lavoro che coinvolgano enti pubblici e privati nella definizione di progetti e iniziative comuni, promuovendo la condivisione delle risorse e delle competenze.

2. **Sviluppo di progetti di sviluppo territoriale:** Creare progetti di sviluppo territoriale che rispondano alle esigenze delle piccole imprese e delle comunità locali, valorizzando le competenze e le risorse del territorio.

3. **Promozione della partecipazione attiva delle comunità:** Favorire la partecipazione attiva delle comunità nella gestione e nella promozione dei progetti, valorizzando il contributo di ciascuno e promuovendo un modello di sviluppo partecipativo e inclusivo.

4. **Monitoraggio e valutazione dei risultati delle collaborazioni:** Monitorare e valutare i risultati delle collaborazioni tra enti pubblici e privati, raccogliendo dati e informazioni sui risultati e promuovendo la condivisione delle buone pratiche.

CAPITOLO 25: RIFLESSIONI SUL FUTURO DELL'ARTIGIANATO E DEI SERVIZI LOCALI – SFIDE E OPPORTUNITÀ

Il mondo dell'artigianato e dei servizi locali sta attraversando una fase di profonda trasformazione, caratterizzata da sfide e opportunità senza precedenti. La digitalizzazione, l'innovazione tecnologica, le mutate esigenze dei consumatori e le pressioni ambientali stanno modificando il panorama competitivo e richiedono un adattamento costante da parte delle piccole imprese.

In questo capitolo, rifletteremo sulle sfide e le opportunità che si profilano per l'artigianato e i servizi locali nel futuro. Esploreremo le tendenze emergenti e le strategie che le imprese possono adottare per affrontare le sfide e sfruttare le opportunità, garantendo così un futuro sostenibile e prospero.

1. Le Sfide del Settore Artigianale e dei Servizi Locali

L'artigianato e i servizi locali devono affrontare una serie di sfide significative che possono influenzare la loro sostenibilità e crescita nel lungo periodo. Queste sfide includono:

- **Competizione con i Grandi Marchi e l'Industria:** La crescente competitività dei grandi marchi e delle multinazionali, che possono offrire prodotti a prezzi più bassi, mette sotto pressione le piccole imprese artigianali, costringendole a trovare modi innovativi per differenziarsi e valorizzare la qualità.

- **Adattamento alle Nuove Tecnologie:** La rapidità con cui le nuove tecnologie vengono introdotte richiede un aggiornamento costante delle competenze e dei processi. Le piccole imprese possono trovarsi in difficoltà a tenere il passo con le innovazioni, rischiando di rimanere indietro.

- **Cambiamenti nei Gusti e nelle Esigenze dei Consumatori:** I consumatori moderni cercano sempre di più prodotti personalizzati, sostenibili e autentici. Le piccole imprese devono adattarsi a queste nuove aspettative per mantenere la loro clientela.

- **Sostenibilità Ambientale e Sociale:** L'attenzione crescente alla sostenibilità richiede alle imprese di rivedere i loro processi produttivi e di adottare pratiche più sostenibili, il che può comportare investimenti significativi e cambiamenti organizzativi.

2. Le Opportunità per l'Artigianato e i Servizi Locali

Nonostante le sfide, l'artigianato e i servizi locali presentano anche opportunità significative che possono contribuire alla loro crescita e sostenibilità. Queste opportunità includono:

- **Valorizzazione del Patrimonio Culturale e Artigianale:** L'interesse crescente per l'autenticità e la tradizione offre alle piccole imprese l'opportunità di valorizzare il loro patrimonio culturale e artigianale, creando prodotti che raccontano una storia e che rispondono alle esigenze di un mercato sempre più esigente.

- **Integrazione delle Tecnologie Digitali:** L'adozione di tecnologie digitali offre alle piccole imprese la possibilità di migliorare l'efficienza operativa, raggiungere nuovi mercati e creare relazioni più dirette e personalizzate con i clienti.

- **Collaborazione e Networking:** La creazione di reti di collaborazione tra imprese, associazioni e istituzioni locali può favorire la condivisione delle risorse, delle competenze e delle esperienze, creando sinergie che valorizzano il territorio.

- **Innovazione Sostenibile:** La spinta verso pratiche più sostenibili può diventare un'opportunità per le piccole imprese, che possono sviluppare prodotti e processi innovativi che rispondono alle esigenze di un mercato sempre più attento alla sostenibilità.

3. Strategie per Affrontare le Sfide e Sfruttare le Opportunità

Per garantire un futuro sostenibile e prospero, le piccole imprese artigianali e di servizi locali possono adottare diverse strategie:

- **Investire nella Formazione e nell'Aggiornamento Professionale:** La formazione continua delle proprie risorse è fondamentale per affrontare le sfide del mercato e adattarsi alle nuove tecnologie e tendenze.
- **Adottare un Approccio Innovativo:** Sperimentare nuove idee e processi, nonché esplorare opportunità di innovazione nel prodotto, nel servizio e nella comunicazione, è essenziale per rimanere competitivi.
- **Promuovere la Sostenibilità:** Integrare pratiche sostenibili in tutte le fasi della produzione e della gestione può rappresentare un vantaggio competitivo e un modo per attrarre clienti attenti all'ambiente.
- **Utilizzare le Tecnologie Digitali:** Investire in strumenti digitali per il marketing, la vendita e la gestione dei processi può aiutare le piccole imprese a raggiungere nuovi mercati e migliorare la loro visibilità.

4. Creare un Ecosistema di Supporto per l'Artigianato e i Servizi Locali

Un approccio sistemico alla sostenibilità dell'artigianato e dei servizi locali richiede la creazione di un ecosistema di supporto che coinvolga istituzioni, associazioni di categoria, enti locali e comunità. Le istituzioni possono fornire il supporto necessario per facilitare l'innovazione e l'aggiornamento delle competenze, mentre le associazioni possono promuovere la collaborazione tra imprese e la condivisione delle buone pratiche.

Esempi di iniziative di supporto:

- **"Reti di Impresa" in Italia:** Iniziative che promuovono la collaborazione tra piccole imprese per migliorare la competitività, condividere risorse e sviluppare progetti comuni.
- **"Progetti di Sviluppo Locale" in Europa:** Programmi finanziati da fondi europei che supportano le piccole imprese nell'innovazione, nella sostenibilità e nella crescita, creando opportunità di formazione e networking.

CONCLUSIONE

In questo viaggio attraverso l'artigianato e i servizi locali, abbiamo esplorato le dinamiche, le sfide e le opportunità che caratterizzano un settore ricco di storia, tradizione e potenzialità. L'artigianato non è solo una questione di produzione, ma rappresenta anche un modo di vivere, un legame profondo con il territorio e una testimonianza della creatività e dell'ingegno umano.

La chiave per garantire un futuro sostenibile per l'artigianato e i servizi locali risiede nell'innovazione, nella formazione e nella collaborazione. Investire nel capitale umano, valorizzare il patrimonio culturale e adottare pratiche sostenibili sono passi fondamentali per costruire un ecosistema di successo.

È tempo di agire, di unire le forze e di costruire un futuro in cui l'artigianato e i servizi locali possano prosperare, contribuendo non solo all'economia, ma anche al benessere delle comunità e alla preservazione del nostro patrimonio culturale.

BIBLIOGRAFIA DI APPROFONDIMENTO

Richard Sennett, in *The Craftsman* (Yale University Press, 2008), esamina il valore del lavoro artigianale, sottolineando l'importanza della competenza e dell'impegno nel processo creativo. Katja Tschimmel, con *Design Thinking als Methode zur Entwicklung innovativer Produkte* (Springer Vieweg, 2012), offre una panoramica dettagliata su come applicare il design thinking nello sviluppo di prodotti innovativi. Jeremy Rifkin, nel suo libro *The Zero Marginal Cost Society: The Internet of Things, the Collaborative Commons, and the Eclipse of Capitalism* (St. Martin's Press, 2014), analizza come le tecnologie emergenti stiano cambiando l'economia e il modo in cui produciamo e consumiamo beni.

Michael E. Porter, in *Competitive Advantage: Creating and Sustaining Superior Performance* (Free Press, 1998), fornisce un quadro teorico su come le imprese possano ottenere e mantenere un vantaggio competitivo. Alexander Osterwalder e Yves Pigneur, nel loro manuale *Business Model Generation: A Handbook for Visionaries, Game Changers, and Challengers* (Wiley, 2010), presentano strategie pratiche per la progettazione e l'innovazione dei modelli di business.

Riguardo agli articoli e alle riviste, Katz e Allen, in "Social Capital and the Creation of Value in Regional Economies" (Regional Studies, vol. 38, no. 6, 2004, pp. 655-670), esaminano il ruolo del capitale sociale nella creazione di valore economico a livello regionale. Foster e Houghton, nel loro articolo "The Role of Innovation in Economic Growth: A Policy Perspective" (International Journal of Innovation Management, vol. 12, no. 4, 2008, pp. 393-417), analizzano come l'innovazione possa stimolare la crescita economica e le politiche necessarie per supportarla.

Per quanto riguarda le risorse online, la Commissione Europea offre informazioni preziose sul ruolo delle piccole e medie imprese e dell'artigianato in Europa sul proprio sito ufficiale European

Commission (accesso: 2024). Il Craft Council del Regno Unito fornisce risorse relative all'artigianato e al design, incluse iniziative di formazione e supporto sul loro sito Craft Council (accesso: 2024). Inoltre, il World Economic Forum pubblica rapporti sulle tendenze occupazionali e le competenze richieste nel futuro del lavoro, disponibili su World Economic Forum (accesso: 2024).

Infine, per quanto riguarda documenti ufficiali e report, l'OECD analizza il ruolo delle autorità locali nella creazione di posti di lavoro e nella crescita economica in *Local Economic and Employment Development (LEED) – The Role of Local Authorities in Job Creation and Economic Growth* (OECD Publishing, 2016). L'Istituto Nazionale di Statistica (ISTAT) fornisce dati e analisi sull'andamento dell'artigianato in Italia nel suo *Rapporto annuale sull'artigianato in Italia*, disponibile su ISTAT (accesso: 2024). Inoltre, l'Associazione Italiana Commercio e Artigianato (AICA) pubblica ricerche e studi sul settore artigianale, accessibili sul loro sito AICA (accesso: 2024).

INFORMAZIONI SULL'AUTORE

Alberto Gatti è un professionista con oltre vent'anni di esperienza nel settore dell'illuminazione. Con una formazione tecnico meccanica in ambito industriale, ha sviluppato competenze avanzate nel disegno tridimensionale e una profonda conoscenza delle normative di settore. Questa combinazione di competenze tecniche e attenzione al design gli ha permesso di creare soluzioni di illuminazione che uniscono estetica e funzionalità ancora oggi presenti nello storico di importanti marchi

Nel suo ruolo di responsabile tecnico ricoperto in svariate aziende del design, Alberto ha collaborato con architetti, designer e clienti per sviluppare progetti che rispondono a esigenze specifiche, con un approccio che bilancia aspetti creativi e tecnici. I suoi progetti sono apprezzati per la cura del dettaglio e l'integrazione di tecnologie innovative, garantendo conformità alle normative e rispondendo alle richieste del mercato.

Alberto è anche il creatore di **Exegno**, un laboratorio virtuale dedicato all'esplorazione di nuove frontiere nel concept design e nella progettazione meccanica. Exegno è stato concepito per sperimentare con tecnologie emergenti come l'intelligenza artificiale e l'Industria 4.0, rappresentando un ambiente dinamico per sviluppare soluzioni innovative e personalizzate in vari ambiti progettuali.

Il suo interesse per le tecnologie emergenti si riflette anche nelle sue pubblicazioni tecniche, già autore di "Manutenzione predittiva e intelligenza artificiale nell'industria 4.0" e "Intelligenza Artigianale" che offrono una panoramica approfondita delle strategie innovative, mostrando come le aziende possano migliorare l'efficienza operativa e ridurre i costi attraverso l'adozione di tecnologie all'avanguardia.

Con una solida base tecnica, un'attenzione particolare per il design, e un impegno costante nell'innovazione, Alberto Gatti si distingue come un professionista capace di unire esperienza pratica e visione strategica per affrontare le sfide del suo settore